초판 1쇄 발행 2022년 7월 29일
초판 2쇄 발행 2024년 1월 11일

글쓴이 최유림
펴낸이 이재민
총괄본부장 김영숙 | **기획진행** 봄빛 | **마케팅** 이수빈, 윤인혜 | **경영지원** 손향숙
표지 디자인 봄빛 | **본문 디자인** 메이크디자인
펴낸곳 주식회사 파란등대
주소 경기도 파주시 경의로 1114 에펠타워 4층 405호
전화 (031) 942-5379 | **팩스** (031) 942-5378
홈페이지 yellowpig.co.kr | **인스타그램** @bluelighthouse_pub
등록번호 제 2021-000038호 | **등록일자** 2021년 3월 22일
ISBN 979-11-92277-15-8 73900

* 이 책의 그림과 글의 일부 또는 전부를 재사용하려면 반드시 주식회사 파란등대의 동의를 얻어야 합니다.
* 값은 표지 뒷면에 있습니다.
* 책 모서리가 날카로우니 던지거나 떨어뜨리지 마세요.

파란등대는 널따란 바다에서 길을 찾게 도와주는,
지식의 길잡이와 같은 책을 펴냅니다.

역사는 사람을 만나는 학문이에요. 과거에 살았던 누군가의 일기장이나 자서전 또는 반성문 등을 몰래 들여다보고, 그 누군가를 만나는 거예요. '아, 정말 힘들었겠구나.', '으… 아주 아팠을 것 같아.', '진짜 신났겠다!', '너무 행복했을 거야.'라며 공감하게 되지요. 그러면서 '왜 그런 상황이 일어날 수밖에 없었지?', '왜 그렇게 처리하였을까? 그게 최선이었을까?'라는 의문도 갖게 되어요. '나라면 이렇게 했을 텐데….'라며 다른 답을 찾아보기도 하고요. 이런 과정 없이 무조건 역사를 외우는 건 정말 재미없어요. 아무리 애를 써도 잘 외워지지 않지요.

그렇기에 역사를 공부할 때는 흐름을 파악하는 게 중요해요. 먼저 역사의 고고한 흐름을 느끼고, 역사적 사건과 인물, 나라를 만나고 이해한다면 암기하기가 그리 어렵지만은 않게 느껴지거든요. 이때 역사연대표(연표)를 활용하면 역사의 흐름을 이해하는 데 매우 유익하답니다.

이 책에서는 한국사와 세계사를 연표로 정리하였어요. 한 나라의 역사만을 알아서는 전체를 이해할 수 없어요. 세계와의 교류가 활발해진 현대뿐만 아니라 수천 년 전부터 전 세계는 서로 영향을 주고받았으니까요. 우리나라의 역사뿐만 아니라 같은 시대 혹은 전후 시대 세계의 역사를 알고 비교 검토하는 일은 역사 흐름 파악에 도움이 되어요. 세상을 살아가는 지혜를 얻을 수 있고 미래를 대비할 수 있는 혜안을 갖게 해 주기도 하지요.

이 책을 통해서 같은 시대에 일어난 사건이나 같은 시대를 살아간 인물을 비교하며 알아가는 재미를 느꼈으면 해요. 이를 일상으로 끌어들여 온라인, 오프라인에서 만나는 사람들과 상황을 편안하게 대하고 현명하게 대처할 수 있기를 바라고요. 그리고 지금 우리의 삶이 미래에는 연표로 정리한 역사의 일부분이 된다는 것을 잊지 않기를 바란답니다.

이 책의 구성

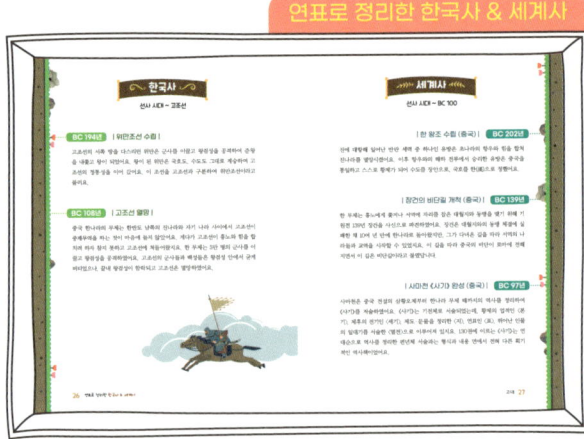

연표로 정리한 한국사 & 세계사

비슷한 시기의 한국사와 세계사를 나란히 비교하며 볼 수 있도록 정리하였어요. 한국사가 정리된 쪽과 세계사가 정리된 쪽을 비교해서 살펴보세요. 예를 들자면 이슬람이 이베리아반도를 장악했을 때 우리나라는 통일신라 시대였다는 것, 조선이 건국된 지 100년이 되었을 때 콜럼버스가 신대륙을 발견했다는 것 등을 알 수 있게 된답니다. 역사를 비교하며 알아가는 묘미를 만끽할 수 있어요.

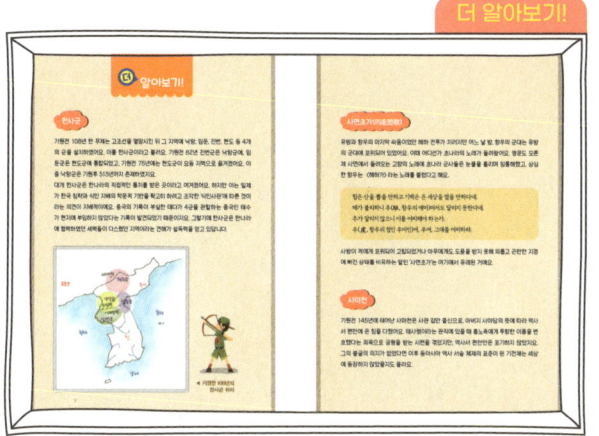

더 알아보기!!

연표로 정리한 부분에서 좀 더 자세한 설명이 필요하거나 언급되지 않은 내용을 별도로 실었어요. 사건이나 인물을 심도 있게 다루어 재미있고 흥미롭답니다. 사진과 지도를 함께 보여 주어 이해하기도 수월하고요.

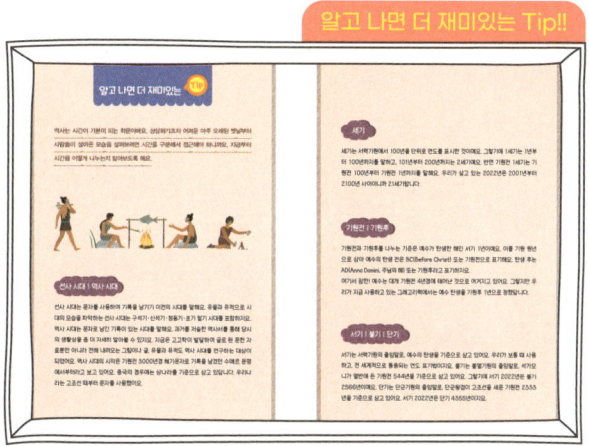

알고 나면 더 재미있는 Tip!!

한국사를 기준으로 각 시대가 끝나는 부분에는 그 시대와 관련된 에피소드를 담았어요. 시대를 구분하는 법, 같은 시대의 문학 작품, 그림, 과학자 등을 정리하여 수록하였어요. 미처 몰랐던 상식을 알려 주는 코너랍니다.

차례

고대 한국사 : 선사 시대
세계사 : ~ AD 916   12

중세 한국사 : 고려 시대
세계사 : ~ AD 1381   60

근세
한국사 : 조선 시대
세계사 : ~ AD 1896

84

근대·현대
한국사 : 대한제국~ 대한민국
세계사 : ~ AD 2019

118

한국사

선사 시대 ~ 고조선

BC 70만 년 | 한반도 구석기 시대 시작 |

한반도와 만주 일대에서 채집과 사냥을 하며 뗀석기를 만들어 사용하였어요. 주로 동굴이나 바위 그늘, 강가에서 생활하였고, 지도자는 있으나 신분 차별이 없는 평등한 사회가 이루어졌답니다.

BC 6000년 | 한반도 신석기 시대 시작 |

오랜 빙하기가 끝나자, 만주와 한반도에 살고 있던 사람들의 생활 방식이 달라졌어요. 풍부해진 물을 이용해 농사를 지으면서 정착 생활이 시작되었지요. 석기와 토기도 사용했고요.

BC 2333년 | 우리나라 최초의 국가 고조선 건국 (단군왕검) |

고려 후기 일연이 쓴 역사책 《삼국유사》에는 하늘나라의 왕 환인의 아들인 환웅과 웅녀가 결혼하여 낳은 단군왕검이 아사달에 도읍을 정하고 고조선을 건국했다고 나와요. 단군왕검은 종교적 지도자인 '단군'과 정치적 지배자인 '왕검'이 합쳐진 칭호로, 당시 고조선이 제정일치 사회였다는 것을 보여 준답니다.

BC 1122년 | 기자조선 수립 |

세계사
선사 시대 ~ BC 100

| 구석기 시대 시작 | **BC 250만 년**

| 농경 시작 | **BC 15000년**

농경이 언제 시작되었는지는 학자마다 의견이 달라요. 어떤 학자들은 기원전 15000년이라 보고, 어떤 학자들은 기원전 9500년이라고 추정하기도 해요. 그렇지만 기원전 8000년경에는 세계 곳곳에서 농경이 이루어졌어요.

| 신석기 시대 시작 | **BC 8000년**

| 4대 문명 모두 발상 | **BC 3500년 ~ BC 2500년**

기원전 3500년 메소포타미아에서 문명이 발상한 것을 시작으로, 기원전 3200년에는 이집트 문명이, 기원전 2500년에는 인더스와 황허 문명이 발상하였어요.

| 함무라비 법전 제정 | **BC 1750년**

바빌로니아의 함무라비왕은 282조로 구성된 법조문을 돌기둥에 새겼어요. 당시까지 전해 내려오던 고대법을 수집하여 만든 함무라비 법전은 세계 최초의 성문법으로, 1901년 프랑스 탐험대가 발견하여 지금은 루브르박물관에 전시되어 있답니다.

고대 **15**

범금8조

중국의 역사책 《한서》의 〈지리지〉 편에는 우리나라 최초의 법률이자 '8조금법'으로도 불린 고조선의 '범금8조' 중 세 가지 조항이 기록되어 있어요.

> 첫째, 살인자는 사형에 처한다.
> 둘째, 다른 사람에게 상처를 입힌 자는 곡물로 보상한다.
> 셋째, 도둑질을 한 사람은 노예가 되거나 50만 전을 배상해야 한다.

이러한 조항을 통해 고조선에서는 사유재산을 인정했고, 계급이 존재했다는 것을 알 수 있답니다.

기자조선

고조선의 역사는 대개 단군조선과 위만조선으로 구분해요. 그러나 단군조선, 기자조선, 위만조선의 세 시기로 나누는 경우도 있어요. 이 중 기자조선에 대해 중국 역사학계에서는 중국 상나라의 왕족인 기자가 기원전 1122년에 5천여 명의 무리를 이끌고 조선으로 가서 세운 나라라고 주장해요. 그 근거로 중국의 역사책인 《사기》와 《상서대전》을 제시하지요.

하지만 우리나라와 북한은 이를 인정하지 않아요. 중국이 2002년부터 중국의 국경 안에서 전개된 모든 역사를 중국의 역사로 만들기 위해 추진하고 있는 '동북공정'에 따라 고조선까지도 중국의 역사로 포함하려는 의도가 담겨 있기 때문이랍니다.

▲ 기자묘

문명의 사전적 의미는 '사회가 기술적으로나 물질적으로 발전하여 이루어진 결과물, 또는 그렇게 하여 인간 생활이 발전된 상태'예요. 그렇기에 문명이 발달하면 마을이 도시로 변하게 된답니다. 농경 발달로 잉여 농산물이 생겨나자, 이를 사고팔기 위한 시장이 형성되고, 이로 인해 인구가 증가하고 도시가 형성되는 거지요. 도시의 한가운데에는 신전이 만들어졌고, 성벽을 세워 도시를 보호했어요. 주변의 다른 도시들을 침략하는 정복 전쟁이 빈번히 일어나고, 수레나 배 같은 교통수단이 발달하여 활발한 교역이 이루어졌답니다. 이 모든 것을 기록할 문자도 발명되었고요.

메소포타미아를 비롯한 이집트, 인더스, 황허 문명은 이러한 성장 과정이 이루어진 세계 최초의 4대 문명이랍니다.

▼ 세계 4대 문명의 발상지

고대 17

한국사

선사 시대 ~ 고조선

BC 1100년 | 한반도 청동기 시대 시작 |

돌에서 청동을 추출하는 기술이 발달하여 만주와 한반도에서 청동기가 만들어졌어요. 또한 대규모 농경이 이루어졌고, 신분제 사회가 되면서 공동체 생활은 사라졌어요.

BC 700년 | 강상무덤·누상무덤 조성 |

고조선 초기인 기원전 8~7세기에는 지방 귀족의 무덤으로 돌무지무덤인 강상무덤과 돌덧널무덤인 누상무덤이 만들어졌어요. 고인돌이 발달하여 만들어진 돌무지무덤은 시신 위에 돌을 쌓아 올린 형태이고, 돌덧널무덤은 돌로 네 벽을 쌓아 시신을 안치한 형태예요. 중국 랴오닝성 다롄 지역에 있는 강상무덤과 누상무덤에서는 비파형 단검을 비롯한 청동기 유물과 함께 많은 사람의 뼈가 발견되어 고조선에 순장 풍습이 있었음을 짐작하게 해 준답니다.

세계사

선사 시대 ~ BC 100

| 상나라 갑골문자 사용 (중국) | BC 1500년

| 주 왕조 수립 (중국) | BC 1046년

주나라는 중국 고대 3국인 하·상·주 중에 실제로 존재했다는 것이 고고학적으로 밝혀진 왕조예요. 주나라에서는 왕실 가족과 제후들에게 영토를 나누어 주고 다스리게 하는 봉건 제도를 시행하였어요.

| 폴리스 형성 (그리스) | BC 800년

그리스 곳곳에 크고 작은 도시국가인 폴리스가 형성되었어요. 아테네와 스파르타를 중심으로 한 폴리스들은 같은 언어를 사용하고 같은 신을 섬겼으며 올림픽 제전을 개최하여 결속력을 다졌어요.

| 최초의 오리엔트 통일 (아시리아) | BC 639년

중계무역으로 부를 축적한 아시리아는 철제 무기와 전차를 마련하여 바빌로니아, 시리아, 이집트를 차례로 정복하였어요. 이로써 최초로 오리엔트를 통일하였지요.

| 공화정 수립 (로마) | BC 509년

기원전 753년 테베레강 유역에 도시국가 형태로 건설된 로마는 왕정으로 출발하였어요. 그러나 영토 확장이 어느 정도 이루어지자 에트루리아 왕을 몰아내고 공화정으로 체제를 바꾸었답니다.

| 석가모니 불교 창시 | BC 500년

고대

세형동검

한반도에서 청동기 시대가 시작되면서 사용한 청동검은 비파형 동검이에요. 비파라는 악기와 모습이 비슷해서 비파형 동검이라 불렸는데, 랴오둥반도와 한반도 곳곳에서 사용되었어요.

기원전 5세기경에는 비파형 동검을 가늘게 다듬은 형태의 세형동검이 만들어졌어요. 세형동검은 지금의 평안남북도 지역을 중심으로 한반도에서 주로 사용되었기에 '한국형 동검'이라고도 한답니다.

▲ 비파형 동검

▲ 세형동검

갑골문자

기원전 1600년에 수립된 상나라에서는 점을 쳐서 신의 뜻을 받아 백성을 통치했어요. 일상생활 대부분을 점괘로 결정한 다음, 이를 동물의 뼈나 거북의 배딱지에 상형문자로 새겼지요. 거북의 배딱지를 나타내는 '갑(甲)' 자와 동물의 뼈를 표현한 '골(骨)' 자를 합하여 갑골문자라고 부른 거예요. 한자의 기원이 된 갑골문자는 상나라의 수도였던 은허에서 처음 발견되어 은허문자라고도 해요.

거북의 배딱지 모양이 잘 나타나 있지요?

▲ 갑골문 귀문

불교

인도 카필라 왕조의 왕자였던 고타마 싯다르타는 29세에 인간의 고통과 번민에 대한 진리를 찾고자 길을 떠났어요. 6년 뒤 보드가야의 보리수 아래에서 깨달음을 얻은 그는 모든 괴로움은 욕심 때문에 생긴다고 주장했어요. 그렇기에 욕심을 버리고 해탈에 이르면 누구나 부처가 될 수 있으며 모든 사람은 평등하다는 교리의 불교를 창시했지요.

한국사

선사 시대 ~ 고조선

BC 300년 | 연의 고조선 침략 |

중국 춘추 전국 시대의 여러 나라 중 하나인 연나라가 고조선에 쳐들어왔어요. 연나라 장수 진개의 침입으로 고조선은 서쪽 2,000여 리의 땅을 잃었어요. 이때 평양으로 천도했다고 주장하는 학자도 있지요.

BC 200년 | 부여·삼한 수립 |

지금의 만주 지린성 지린시 지역과 쑹화강 유역의 평야 지대에 부여가 세워졌어요. 왕과 함께 가축의 이름을 따서 부른 마가·우가·저가·구가라는 귀족이 나라를 다스렸고, 영고라는 제천 행사가 행해졌어요. 부여는 고조선이 멸망하기 직전에 세워져 약 600년 동안 존재하였답니다.

한편 한반도 남쪽에는 고조선 시대부터 진나라가 있었어요. 발달한 철기 문화를 가진 고조선 사람들이 남쪽으로 남하하면서 진나라는 마한·변한·진한으로 나뉘었어요. 이 세 나라를 합쳐 삼한이라고 부르지요. 삼한에서는 5월과 10월에 제천 행사를 열었고, 제사를 지내는 신성한 장소인 소도가 있었어요.

세계사

선사 시대 ~ BC 100

| 페르시아 전쟁 발발 (그리스, 페르시아) | BC 492년

기원전 525년 오리엔트를 완전히 장악한 페르시아는 다음 공격 목표를 그리스의 폴리스로 잡았어요. 페르시아는 기원전 479년까지 세 차례에 걸쳐 그리스를 공격했으나 모두 실패하였고, 승리의 주역인 그리스 아테네는 폴리스 세계의 중심이 되었지요.

| 알렉산드로스 대왕 원정 시작 (마케도니아) | BC 334년

마케도니아의 알렉산드로스 대왕은 페르시아 전쟁에서의 패배로 힘을 잃어가던 페르시아를 세 차례 공격하여 멸망시키고, 유럽·아시아·아프리카에 걸친 대제국을 건설하였어요.

| 마우리아 왕조 수립 (인도) | BC 317년

인도에 진출했던 알렉산드로스 대왕이 몇몇 신하와 군대만을 남겨 두고 페르시아로 돌아가자, 마가다 왕조의 왕자 찬드라굽타가 인도 최초의 통일 왕조인 마우리아 왕조를 세웠어요.

| 포에니 전쟁 (로마, 카르타고) | BC 264년

| 진 왕조의 중국 통일 (중국) | BC 221년

전국 시대의 7웅(진·초·연·제·한·위·조) 중 하나인 진나라가 최초로 중국을 통일했어요. 진나라는 봉건제를 폐지하고 군현제를 시행하였으며, 도로를 정비하고 문자와 화폐, 도량형을 통일하여 중앙 집권 국가의 모습을 갖추었어요.

고대

동예·옥저

만주 지역에는 부여가, 한반도 남쪽에는 삼한이 있었을 때 한반도 북쪽에는 동예와 옥저가 있었어요. 해산물이 풍부했던 동예의 특산물로는 단궁(활), 과하마(말), 반어피(바다표범 가죽) 등이 유명했어요. 매년 10월에는 무천이라는 제천 행사를 열었지요. 고구려의 영향을 많이 받은 옥저에서는 훗날 며느리로 삼을 여자아이를 데려다 키운 뒤 성인이 되면 아들과 혼인시키는 민며느리제가 시행되었어요. 옥저도 동예처럼 소금과 해산물이 풍부했지요.

펠로폰네소스 전쟁

페르시아 전쟁으로 폴리스 세계를 주도한 아테네 중심의 델로스 동맹과 이를 견제하려는 스파르타 중심의 펠로폰네소스 동맹 사이에 전쟁이 벌어져 27년 동안 계속되었어요. 식량 수송로가 차단되고 폴리스들이 델로스 동맹에서 탈퇴하는 바람에 결국 아테네는 스파르타에 항복하고 말았지요. 이후 그리스는 쇠퇴의 길을 걷게 되었답니다.

포에니 전쟁

로마는 이탈리아반도를 차지한 후 당시 지중해 무역을 장악하고 있던 북아프리카의 카르타고와 전쟁을 벌였어요. 세 차례에 걸친 포에니 전쟁에서 패배한 카르타고는 해외 영토를 거의 상실하고 막대한 배상금을 지불한 여파로 역사의 뒤안길로 사라졌답니다. 반면 승리한 로마는 지중해 세계를 장악하였지요.

이 중 기원전 218년에 벌어진 두 번째 포에니 전쟁에서 카르타고의 한니발 장군은 알프스산맥을 넘어 로마로 진격하는 작전을 펼쳤어요. 해군력이 강한 카르타고가 당연히 바다를 통해 공격해 오리라고 예상하여 이를 대비하고 있었던 로마는 속수무책으로 당하고 말았지요. 그래서 2차 포에니 전쟁을 한니발 전쟁이라고 부르기도 해요.
카르타고는 페니키아인이 세운 나라인데, 로마 사람들은 페니키아인을 포에니라고 불렀대요. 그래서 카르타고와의 전쟁을 포에니 전쟁이라고 했답니다.

▲ 알프스산맥을 넘는 한니발

고대 **25**

한국사

선사 시대 ~ 고조선

BC 194년 | 위만조선 수립 |

고조선의 서쪽 땅을 다스리던 위만은 군사를 이끌고 왕검성을 공격하여 준왕을 내쫓고 왕이 되었어요. 왕이 된 위만은 국호도, 수도도 그대로 계승하여 고조선의 정통성을 이어 갔어요. 이 조선을 고조선과 구분하여 위만조선이라고 불러요.

BC 108년 | 고조선 멸망 |

중국 한나라의 무제는 한반도 남쪽의 진나라와 자기 나라 사이에서 고조선이 중계무역을 하는 것이 마음에 들지 않았어요. 게다가 고조선이 흉노와 힘을 합치려 하자 참지 못하고 고조선에 쳐들어왔지요. 한 무제는 5만 명의 군사를 이끌고 왕검성을 공격하였어요. 고조선의 군사들과 백성들은 왕검성 안에서 굳게 버티었으나, 끝내 왕검성이 함락되고 고조선은 멸망하였어요.

세계사
선사 시대 ~ BC 100

| 한 왕조 수립 (중국) | BC 202년

진에 대항해 일어난 반란 세력 중 하나인 유방은 초나라의 항우와 힘을 합쳐 진나라를 멸망시켰어요. 이후 항우와의 해하 전투에서 승리한 유방은 중국을 통일하고 스스로 황제가 되어 수도를 장안으로, 국호를 한(漢)으로 정했어요.

| 장건의 비단길 개척 (중국) | BC 139년

한 무제는 흉노에게 쫓겨나 서역에 자리를 잡은 대월지와 동맹을 맺기 위해 기원전 139년 장건을 사신으로 파견하였어요. 장건은 대월지와의 동맹 체결에 실패한 채 10여 년 만에 한나라로 돌아왔지만, 그가 다녀온 길을 따라 서역의 나라들과 교역을 시작할 수 있었지요. 이 길을 따라 중국의 비단이 로마에 전해지면서 이 길은 비단길이라고 불렸답니다.

| 사마천 《사기》 완성 (중국) | BC 97년

사마천은 중국 전설의 삼황오제부터 한나라 무제 때까지의 역사를 정리하여 《사기》를 저술하였어요. 《사기》는 기전체로 서술되었는데, 황제의 업적인 〈본기〉, 제후의 전기인 〈세기〉, 제도·문물을 정리한 〈지〉, 연표인 〈표〉, 뛰어난 인물의 일대기를 서술한 〈열전〉으로 이루어져 있지요. 130권에 이르는 《사기》는 연대순으로 역사를 정리한 편년체 서술과는 형식과 내용 면에서 전혀 다른 획기적인 역사책이었어요.

더 알아보기!

한사군

기원전 108년 한 무제는 고조선을 멸망시킨 뒤 그 지역에 낙랑, 임둔, 진번, 현도 등 4개의 군을 설치하였어요. 이를 한사군이라고 불러요. 기원전 82년 진번군은 낙랑군에, 임둔군은 현도군에 통합되었고, 기원전 75년에는 현도군이 요동 지역으로 옮겨졌어요. 이 중 낙랑군은 기원후 313년까지 존재하였지요.

대개 한사군은 한나라의 직접적인 통치를 받은 곳이라고 여겨졌어요. 하지만 이는 일제가 한국 침략과 식민 지배의 학문적 기반을 확고히 하려고 조작한 '식민사관'에 따른 것이라는 의견이 지배적이에요. 중국의 기록이 부실한 데다가 4군을 관할하는 중국인 태수가 현지에 부임하지 않았다는 기록이 발견되었기 때문이지요. 그렇기에 한사군은 한나라에 협력하였던 세력들이 다스렸던 지역이라는 견해가 설득력을 얻고 있답니다.

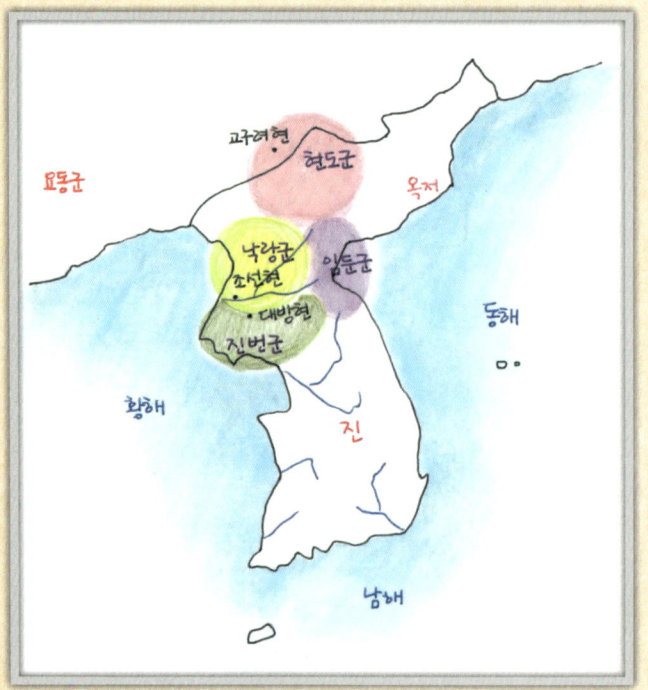

◀ 기원전 106년의 한사군 위치

사면초가(四面楚歌)

유방과 항우의 마지막 싸움이었던 해하 전투가 치러지던 어느 날 밤, 항우의 군대는 유방의 군대에 포위되어 있었어요. 이때 어디선가 초나라의 노래가 들려왔어요. 영문도 모른 채 사면에서 들려오는 고향의 노래에 초나라 군사들은 눈물을 흘리며 침통해했고, 상심한 항우는 〈해하가〉라는 노래를 불렀다고 해요.

> 힘은 산을 뽑을 만하고 기백은 온 세상을 덮을 만하다네.
> 때가 불리하니 추(騅, 항우의 애마)마저도 달리지 못한다네.
> 추가 달리지 않으니 이를 어찌해야 하는가.
> 우(虞, 항우의 첩인 우미인)여, 우여, 그대를 어찌하랴.

사방이 적에게 포위되어 고립되었거나 아무에게도 도움을 받지 못해 외롭고 곤란한 지경에 빠진 상태를 비유하는 말인 '사면초가'는 여기에서 유래된 거예요.

사마천

기원전 145년에 태어난 사마천은 사관 집안 출신으로, 아버지 사마담의 뜻에 따라 역사서 편찬에 온 힘을 다했어요. 태사령이라는 관직에 있을 때 흉노족에게 투항한 이릉을 변호했다는 죄목으로 궁형을 받는 시련을 겪었지만, 역사서 편찬만은 포기하지 않았지요. 그의 불굴의 의지가 없었다면 이후 동아시아 역사 서술 체계의 표준이 된 기전체는 세상에 등장하지 않았을지도 몰라요.

알고 나면 더 재미있는 TIP

역사는 시간이 기본이 되는 학문이에요. 상상하기조차 어려운 아주 오래된 옛날부터 사람들이 살아온 모습을 살펴보려면 시간을 구분해서 접근해야 하니까요. 지금부터 시간을 어떻게 나누는지 알아보도록 해요.

선사 시대 I 역사 시대

선사 시대는 문자를 사용하여 기록을 남기기 이전의 시대를 말해요. 유물과 유적으로 시대의 모습을 파악하는 선사 시대는 구석기·신석기·청동기·초기 철기 시대를 포함하지요. 역사 시대는 문자로 남긴 기록이 있는 시대를 말해요. 과거를 저술한 역사서를 통해 당시의 생활상을 좀 더 자세히 알아볼 수 있지요. 지금은 고고학이 발달하여 글로 된 문헌 자료뿐만 아니라 전해 내려오는 그림이나 글, 유물과 유적도 역사 시대를 연구하는 대상이 되었어요. 역사 시대의 시작은 기원전 3000년경 쐐기문자로 기록을 남겼던 수메르 문명에서부터라고 보고 있어요. 중국의 경우에는 상나라를 기준으로 삼고 있답니다. 우리나라는 고조선 때부터 문자를 사용했어요.

세기

세기는 서력기원에서 100년을 단위로 연도를 표시한 것이에요. 그렇기에 1세기는 1년부터 100년까지를 말하고, 101년부터 200년까지는 2세기예요. 반면 기원전 1세기는 기원전 100년부터 기원전 1년까지를 말해요. 우리가 살고 있는 2022년은 2001년부터 2100년 사이이니까 21세기랍니다.

기원전 | 기원후

기원전과 기원후를 나누는 기준은 예수가 탄생한 해인 서기 1년이에요. 이를 기원 원년으로 삼아 예수의 탄생 전은 BC(Before Christ) 또는 기원전으로 표기해요. 탄생 후는 AD(Anno Domini, 주님의 해) 또는 기원후라고 표기하지요.
여기서 잠깐! 예수는 대개 기원전 4년경에 태어난 것으로 여겨지고 있어요. 그렇지만 우리가 지금 사용하고 있는 그레고리력에서는 예수 탄생을 기원후 1년으로 정했답니다.

서기 | 불기 | 단기

서기는 서력기원의 줄임말로, 예수의 탄생을 기준으로 삼고 있어요. 우리가 보통 때 사용하고, 전 세계적으로 통용되는 연도 표기법이지요. 불기는 불멸기원의 줄임말로, 석가모니가 열반에 든 기원전 544년을 기준으로 삼고 있어요. 그렇기에 서기 2022년은 불기 2566년이에요. 단기는 단군기원의 줄임말로, 단군왕검이 고조선을 세운 기원전 2333년을 기준으로 삼고 있어요. 서기 2022년은 단기 4355년이지요.

한국사

삼국 시대

BC 57년 | 신라 건국 (박혁거세) |

지금의 경주 지역에 있던 여섯 마을 촌장들의 지지를 받아 박혁거세가 나라를 세웠어요. 국호는 서라벌, 왕호는 거서간이라 했지요.

BC 37년 | 고구려 건국 (주몽) |

부여의 왕자였던 주몽이 부여를 탈출해 지금의 랴오닝성 환런인 졸본으로 내려와 고구려를 건국하였어요.

BC 18년 | 백제 건국 (온조) |

고구려 주몽의 셋째 아들인 온조가 하남 위례성에 도읍을 정하고 백제를 세웠어요. 건국 당시의 국호는 십제였답니다. 이때 주몽의 둘째 아들인 비류는 지금의 인천인 미추홀에 나라를 세웠는데, 그가 죽은 뒤 두 나라가 합쳐지면서 국호가 백제로 바뀌었어요.

42년 | 금관가야 건국 (김수로) |

하늘에서 내려온 알에서 태어난 김수로가 지금의 김해 지역에 있던 아홉 추장의 추대를 받아 금관가야를 건국했어요.

194년 | 고구려 진대법 시행 (고국천왕) |

~ AD 680

| 카이사르 갈리아 정복 (로마) | BC 58년

기원전 60년에 폼페이우스, 크라수스와 삼두정치를 시작한 카이사르는 지금의 프랑스인 갈리아의 총독이 되어 전쟁으로 이 지역을 평정하였어요.

| 제정 시작 (로마) | BC 27년

기원전 31년 악티움 해전에서 승리한 옥타비아누스는 프린켑스(원수)가 되어 로마를 통치하였어요. 명목은 공화정이지만 실질적인 제정이 시작되었지요.

| 예수 그리스도 탄생 | BC 4년

| 쿠샨 왕조 수립 (인도) | 45년

중앙아시아의 페르시아계 쿠샨족이 힌두쿠시산맥을 넘어와 인도 서북부를 통일한 뒤 쿠샨 왕조를 세웠어요. 쿠샨 왕조 때는 알렉산드로스 대왕의 동방 원정으로 꽃피운 헬레니즘 문화의 영향을 받아 불교를 그리스식으로 표현한 간다라 미술이 발달하였지요.

| 채륜 채후지 발명 (중국) | 105년

더 알아보기!

진대법

사냥을 나갔다가 흉년이 들어 일자리도, 먹을 것도 구하지 못한 백성을 만난 고국천왕은 재상 을파소의 건의를 받아들여 진대법을 시행하였어요. '진'은 흉년에 곡식을 나누어 주는 것이고, '대'는 춘궁기(3~7월)에 곡식을 빌려주었다가 추수기(10월)에 돌려받는 것이에요.

카이사르

삼두정치를 시행하고 집정관이 된 카이사르는 갈리아 전쟁과 알렉산드리아 전쟁을 치르며 로마의 최고 지배자가 되었어요. 그는 항구와 도로를 정비하고, 태양력인 율리우스력을 시행하였으며, 빈민 구제 등 각종 사회 정책 사업을 실시했지요. 그러나 황제에 버금가는 권력이 그에게 집중되는 것을 반대한 원로원의 브루투스와 카시우스 등에게 암살되고 말았답니다. 카이사르는 글쓰기 재주도 뛰어나 《갈리아 전기》, 《내란기》 등을 썼다고 해요.

▲ 카이사르의 흉상이 새겨진 주화

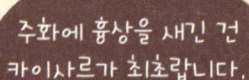
주화에 흉상을 새긴 건 카이사르가 최초랍니다.

그리스도교

팔레스타인 지역에 살던 유대인들은 유대교를 믿었어요. 오랜 세월 타지를 떠돌며 살고 있지만 언젠가는 구세주가 나타나 구원해 줄 것이라는 교리를 굳게 믿고 있었지요. 베들레헴에서 태어난 예수는 자신이 구세주라며 회개와 사랑을 주장했어요. 특히 모든 인간은 평등하다는 그의 주장은 하느님에게 선택받은 민족이라는 자부심으로 살아가던 유대인의 선민사상을 부정하는 것이었지요. 유대 율법과 전례의 준수보다 사람을 더 중요하게 여겨야 한다는 주장도 유대인의 미움을 샀고요. 결국 예수는 사람을 현혹한 반역자이자 신성모독자로 몰려 십자가에 못 박혀 죽었어요. 그가 죽은 지 사흘 만에 부활한 것을 목격한 제자들과 사람들에 의해 예수를 메시아라고 믿는 신앙이 생겼는데, 이것이 그리스도교랍니다.

채후지

환관인 채륜은 전국 각지의 제지 기술을 모아 종이 만드는 법을 개선했어요. 그가 표면이 매끄럽고 질기며 두께가 얇은 데다 값도 싼 채후지를 만들게 되면서 종이의 대량 생산이 가능해졌지요. 덕분에 백성에게도 책을 접할 기회가 주어져서 소수의 귀족들만 지식을 독점하던 상황이 개선되었어요.

▲ 채륜

한국사

삼국 시대

313년 | 고구려 낙랑군 축출 (미천왕) |

고구려는 한사군 중 하나인 낙랑군을 공격해 멸망시켰고, 다음 해에는 대방군도 무너뜨렸어요.

346년 | 백제 전성기 도래 (근초고왕) |

356년 | 신라 왕호로 마립간 사용, 김씨 세습 (내물왕) |

내물왕은 즉위와 함께 왕호를 이사금에서 마립간으로 바꾸었어요. 이때부터 통일신라 효공왕 때까지 500년이 넘도록 김씨가 왕위를 계승하였지요.

391년 | 고구려 전성기 도래 (광개토대왕) |

427년 | 고구려 평양 천도 (장수왕) |

장수왕이 수도를 국내성에서 평양성으로 옮겼어요. 남쪽 지방으로 영토를 확장하고 귀족 세력을 약화하고 왕권을 강화할 목적으로 424년 만에 시행한 천도였지요. 이렇게 평양은 졸본, 국내성에 이어 고구려의 세 번째 수도가 되었답니다.

세계사

~ AD 680

| 사산 왕조 수립 (페르시아) | 226년

아르다시르 1세가 파르티아를 무찌르고 오늘날의 이란인 파르스 지방을 중심으로 사산 왕조 페르시아를 세웠어요. 사산 왕조는 수백 년간 로마와 대립하였지요.

| 그리스도교 공인 (로마) | 313년

로마의 콘스탄티누스 황제는 밀라노에서 칙령을 발표하여 로마 제국의 시민들이 그리스도교를 믿는 것을 허락했어요. 392년 테오도시우스 황제 때는 국교로 정해졌지요.

| 굽타 왕조 수립 (인도) | 320년

쿠샨 왕조의 쇠락 후 분열되어 있던 인도 북부를 통일한 굽타 왕조는 약 2세기 동안 예술, 과학, 종교, 경제 부문에서 번영을 이루었어요.

| 게르만족의 대이동 시작 | 375년

| 남북조 시대 시작 (중국) | 420년

위·촉·오의 삼국 시대를 거쳐 5개의 유목 민족(흉노·저·강·갈·선비)이 16개의 나라를 세웠던 5호 16국 시대를 지나 남북조 시대가 시작되었어요. 420년부터 589년까지 지속된 이 시대에는 정치적으로 불안정했지만, 강남 지역이 대대적으로 개발되어 훗날 중국 경제의 중심지로 발전하였어요.

고대 37

더 알아보기!

근초고왕

346년부터 375년까지 백제를 다스렸던 근초고왕은 왕위 계승을 부자 상속으로 바꾸고 중앙 집권 체제를 강화하였어요. 고구려에 침입하여 고국원왕을 전사시켰고, 마한을 공격하여 남해안까지 영토를 넓혔지요. 그 결과 황해도 남부에서 전라도에 이르는, 백제 역사상 가장 넓은 영역을 장악했어요. 또한 《천자문》과 《논어》를 일본에 전해 주었고, 고흥에게 역사서인 《서기》를 편찬하게 하였어요. 이렇듯 백제는 근초고왕 때 삼국 중 가장 먼저 전성기를 맞이하였답니다.

광개토대왕·장수왕

광개토대왕은 고구려 19대 왕으로, 우리나라 역사상 가장 넓게 영토를 확장하였어요. 그는 동부여와 거란, 숙신을 정벌하고 후연과 백제를 물리치는 등 고구려를 한강 유역부터 랴오둥 지역을 아우르는 동북아시아 최강국으로 만들었지요. 또한 신라에 침입한 왜구를 쫓아내어 신라를 영향권 안에 두었어요.

광개토대왕의 뒤를 이은 장수왕은 무려 78년 동안 왕위에 있었어요. 그는 광개토대왕이 크게 넓힌 영토를 안정적으로 다스렸으며, 아버지의 업적을 기리기 위해 광개토대왕릉비를 제작하였어요. 또한 백제의 수도인 한성을 함락하고 개로왕의 목숨을 빼앗았지요. 이로 인해 백제는 지금의 공주인 웅진으로 천도하였고, 고구려는 전략적으로 중요한 한강 유역을 장악하며 전성기를 이어 갔답니다.

독립기념관에 있는 광개토대왕릉비의 복제품이에요. 진짜 광개토대왕릉비는 중국의 지린성 지린시에 있어요.

▲ 광개토대왕릉비 복제품

게르만족의 대이동

라인강과 도나우강 북동쪽에서 생활하던 게르만족은 3세기경부터 로마 제국의 영역 안으로 들어와 하급 관리, 농민, 용병이 되었어요. 로마 제국의 힘이 약해지고 국경 단속이 소홀해진 틈을 이용한 것이지요. 본격적인 게르만족의 이동은 375년 아시아에서 온 훈족의 침략으로 시작되었어요. 이후 6세기 말까지 약 200년 동안 유럽 각지에는 게르만족의 부족 국가들이 세워졌고, 로마 제국은 빠르게 게르만족에게 동화되었어요.

한국사

삼국 시대

494년 | 부여 멸망 |

쑹화강 유역에 자리하고 있던 부여가 고구려에 의해 멸망하였어요. 한때 중국의 한나라와 고구려에 맞섰던 부여는 역사 속으로 사라졌고, 고구려는 건국 이래 가장 넓은 영토를 차지하였지요.

503년 | 신라 국호, 왕호 변경 (지증왕) |

나라의 중흥을 위해 서라벌이라는 국호를 한자로 바꾸어 신라로 하고, 마립간이라는 칭호 대신 왕이라 부르기 시작하였어요.

527년 | 신라 불교 공인, 이차돈 순교 (법흥왕) |

538년 | 백제 사비 천도 (성왕) |

성왕은 한성이 함락된 후 급하게 천도했던 협소한 웅진을 벗어나 지금의 부여인 사비로 수도를 옮겼어요. 국호도 남부여로 바꿨고요.

540년 | 신라 전성기 도래 (진흥왕) |

562년 | 대가야 멸망 |

가야 연맹 형성의 주도 세력이었던 금관가야가 신라에 항복한 지 30년 만에 가야 연맹을 이끌었던 대가야도 신라에 흡수되었어요. 이로써 가야 연맹은 막을 내렸지요.

~ AD 680

| 서로마 제국 멸망 | 476년

게르만족의 이동으로 몰락의 길을 걷고 있던 로마 제국은 게르만 용병대장 오도아케르에 의해 멸망하였어요. 그는 서로마 제국의 마지막 황제인 로물루스를 폐위하고 동로마 제국 황제 제노의 신하가 되었지요.

| 메로빙거 왕조 시작 (프랑크 왕국) | 486년

프랑크 왕국의 클로비스는 라인강 유역에서 갈리아 지방으로 이동하여 메로빙거 왕조를 열었어요. 496년 가톨릭으로 개종한 덕분에 프랑크 왕국은 서유럽 세계의 새로운 중심이 되었답니다.

| 힌두교 창시 (인도) | 500년

고대부터 전해 오던 브라만교가 민간 신앙과 결합하여 발전한 힌두교가 굽타 왕조의 지원을 받아 종교로 자리 잡았어요. 창시자나 교주, 조직이 없는 것이 특징인 힌두교는 오늘날 인도 사람들이 가장 많이 믿는 종교예요.

| 유스티니아누스 황제 즉위 (비잔티움 제국) | 527년

| 수 중국 통일 (중국) | 589년

양견이 세운 수나라가 남조의 마지막 왕조인 진나라를 정복하여 중국을 하나로 통일하였어요. 이로써 400년 만에 위진 남북조 시대가 막을 내렸지요.

이차돈 순교

불교 수용을 주장한 이차돈은 귀족들의 극심한 반대에 부딪혀 참수되었는데, 그의 잘린 목에서는 흰 피가 치솟고 하늘에서는 꽃비가 내렸다고 해요. 자신이 죽은 뒤에 신기한 일이 생길 거라는 이차돈의 예언이 적중하자 귀족들은 마음을 돌렸고, 법흥왕은 나라의 지배 이념으로 불교를 공인했지요.

진흥왕

7세에 왕위에 오른 진흥왕은 10년 동안 어머니인 지소 부인의 섭정을 받다가, 18세가 된 551년부터 본격적으로 나라를 다스렸어요. 신라와 백제는 나제동맹군을 결성하여 551년 백제가 고구려에 빼앗겼던 한강 유역을 되찾았는데, 이후 553년 진흥왕은 백제를 공격하여 한강 유역을 독점했어요. 화가 난 백제의 성왕은 신라를 공격하였으나 관산성 전투에서 목숨을 잃고 말았고, 진흥왕은 여세를 몰아 대가야마저 정복했지요.

진흥왕은 정복한 지역에 새로운 주(州)를 설치하고 순수비를 세웠어요. '순수'란 왕이 나라 안을 두루 살피며 돌아다니면서 통치 상황을 보고받는 의례인데, 진흥왕은 이를 기념하는 비를 세웠던 거예요. 지금까지 발견된 순수비로는 창녕비, 북한산비, 마운령비, 황초령비가 있어요.

한강 유역을 차지하고 신라의 영토를 크게 넓힌 정복 군주였던 진흥왕은 귀족 자제 중심의 화랑도를 창설했는데, 이는 훗날 삼국 통일의 기반이 되었답니다. 또한 거칠부에게 역사서인 《국사》를 편찬하게 하여 신라의 국격과 문화에 대한 자존심을 드러냈어요.

유스티니아누스 황제

527년 비잔티움 제국의 황제로 등극한 유스티니아누스는 멸망한 서로마 제국의 영광과 영토를 되찾고 싶었어요. 그래서 그때까지 공포된 법률을 체계적으로 개정·보완하여 《로마법 대전》을 편찬하였지요. 537년에는 자신은 신으로부터 지상의 모든 일을 위임받은 황제라는 자긍심과 로마 제국의 위세를 드높이기 위해 성 소피아 성당을 건립하였어요.

유스티니아누스 황제의 아내 테오도라는 미천한 신분이었대요. 그런데 그녀의 탁월한 지혜와 명석한 두뇌를 알아본 유스티니아누스 황제는 귀족과 평민이 결혼할 수 있도록 법까지 바꾸어 그녀와 결혼하였어요. 테오도라 황후는 정치에 깊이 관여하였고 평생 남편에게 조언과 도움을 아끼지 않았어요. 그래서인지 548년 테오도라 황후가 세상을 떠난 뒤부터 유스티니아누스 황제는 종교 문제에 집착하면서 통치를 소홀히 하였대요.

◀ 테오도라 황후

이탈리아 라벤나의 산비탈레 성당에 있는 테오도라 황후의 모습이에요. 비잔티움 양식의 모자이크 형태로 표현되어 있어요.

한국사

삼국 시대

612년 | 고구려 살수대첩 승리 (영양왕) |

고구려를 침략할 기회를 엿보던 수나라가 양제 때 113만의 대군을 이끌고 쳐들어왔어요. 고구려의 장군 을지문덕은 평양성에 진격한 수나라의 별동대를 살수로 유인해 대승을 거두었답니다.

632년 | 신라 최초의 여왕 즉위 (선덕여왕) |

진평왕이 아들 없이 죽자, 신라의 최고 신분인 성골이 왕위를 잇는 전통을 지키기 위해 그의 딸 덕만이 왕위에 올랐어요. 예지력이 있어 자신이 죽을 날을 정확히 예언했던 선덕여왕은 우리 역사상 최초의 여왕이었지요.

645년 | 고구려 안시성 싸움 승리 (보장왕) |

정변을 일으켜 대막리지가 되어 정권을 장악한 연개소문은 당나라에 대해 강경 정책을 펼쳤어요. 이를 못마땅하게 여긴 당 태종은 10만의 대군을 이끌고 고구려에 쳐들어왔지요. 당나라군은 안시성을 공격하였으나 끝내 함락하지 못하고 물러갔답니다.

660년 | 백제 멸망 |

668년 | 고구려 멸망 |

세계사

~ AD 680

| 무함마드 이슬람교 창시 | **610년**

| 당 건국 (중국) | **618년**

반란군을 피해 도망치던 수나라의 양제가 자신의 병사에게 살해되자, 장안을 장악하고 있던 이연이 왕위에 올라 당나라를 열었어요. 당나라는 907년에 멸망할 때까지 20대 290년간 유지되었지요.

| 다이카 개신 시작 (일본) | **645년**

당나라에서 유학하고 돌아온 지식인들을 중심으로 일본의 체제를 바꾸어야 한다는 주장이 일었고, 나카노오에 황자는 이들과 함께 정변을 일으켰어요. 그는 일본 최초로 다이카라는 독자적 연호를 사용하였고, 지금의 오사카에 새 수도를 건설했지요. 다이카 개신으로 일본은 중앙 집권 체제와 율령제를 실시하는 국가로 발전했어요.

| 우마이야 왕조 수립 (사라센 제국) | **661년**

무함마드가 후계자를 결정하지 못하고 죽자, 칼리프 계승 문제를 두고 우마이야 가문과 무함마드의 사위인 알리를 신봉하는 사람들 사이에 심한 갈등이 일어났어요. 알리가 암살된 후 우마이야 가문의 무아위야가 칼리프로 추대되었고, 이후 그의 아들에게 세습되었어요. 이렇게 시작된 우마이야 왕조는 750년 아바스 왕조가 탄생할 때까지 이슬람 세계를 지배하였지요.

고대 **45**

백제 멸망

백제의 마지막 왕인 의자왕이 수시로 신라를 공격하자, 신라는 당나라와 동맹을 맺었어요. 이 나당연합군에 의해 백제가 멸망하게 되었지요. 황산벌에서 김유신이 이끄는 5만의 신라군과 맞서 싸운 계백의 5천 결사대는 끝내 패하였고, 금강 기벌포에서 소정방의 당나라 군대와 만난 백제군도 항복하고 말았어요. 사비성이 함락된 660년 7월 18일, 백제는 역사에서 사라졌지요. 의자왕과 태자 그리고 1만 2천여 명의 백성은 당나라로 끌려가 그곳에서 병사하였고요. 이때 의자왕의 삼천 궁녀들은 낙화암에서 떨어져 죽었다는 전설이 전해 내려오고 있어요.

부소산성은 부여에 있는 백제 시대의 산성으로, 이 산성 안에 낙화암이 있어요.

▲ 부소산성 정문

고구려 멸망

666년 정권을 장악하고 있던 연개소문이 죽자, 연개소문의 아들과 형제 사이에 세력 다툼이 일어났어요. 이런 상황에서 문무왕과 김유신의 신라군과 이적의 당나라군이 공격해 오자 고구려는 속수무책으로 당할 수밖에 없었어요. 결국 668년 9월 평양성이 함락되었고, 보장왕과 대신들 그리고 백성 20여만 명은 당나라로 끌려갔어요.

이슬람교

무역 상인이었던 무함마드는 세계 곳곳을 돌아다녔어요. 그 과정에서 유대교와 그리스도교를 접했지만 신앙의 진리를 찾지 못하였고, 결국 집을 떠나 히라산에 있는 동굴에서 기도와 명상 생활을 시작하였답니다. 그러던 중 610년 가브리엘 천사의 계시를 받고 알라를 유일신으로 믿는 이슬람교를 창시했어요.

이슬람교의 모든 신자는 알라 앞에 평등하며, 모든 규범은 《쿠란》에 담겨 있어요. 653년에 편찬 작업이 완료된 《쿠란》은 무슬림의 다섯 가지 의무인 신앙 고백·기도·금식·희사·순례와 여섯 가지 믿을 교리인 신·천사·성전·예언자·내세·예정이 적혀 있는 경전인 동시에 사회 규범서예요. 그렇기에 이슬람교는 단순한 신앙이 아니라 생활 체계이고 사회와 국가의 기틀이랍니다.

▲ 《쿠란》

알고 나면 더 재미있는 Tip

인터넷과 교통이 발달한 21세기에도 지구 반대편에 사는 사람들이 무엇을 하고 있는지 정확하게 알 수는 없어요. 과거에는 말할 것도 없겠지요? 그렇지만 조상들이 기록으로 남겨 두었기에 비교해 볼 수는 있답니다. 지금부터 우리나라와 세계에서 같은 해에 어떤 일이 벌어졌는지 알아보도록 해요.

96년

우리나라: 신라의 5대 왕인 파사이사금은 주변의 작은 나라들을 정복하였고, 특히 가야와의 관계에서 우위를 유지했어요. 96년 가야가 신라의 남쪽 변경을 쳐들어왔을 때, 가소성의 성주 장세가 이를 막다가 전사하자 파사이사금이 직접 출전하여 승리하였답니다.

로마 제국: 11대 황제였던 도미티아누스가 암살되고, 12대 황제로 네르바가 추대되었어요. 2년이라는 짧은 재위 기간에 그는 유능하고 신망이 있는 인물을 후계자로 정하는 관행을 만들었지요. 그래서 네르바부터 마르쿠스 아우렐리우스까지 다섯 명의 현명한 황제가 등장하였답니다. 이 오현제 시대는 '팍스 로마나(로마의 평화)'라고 불리는 로마의 전성기였어요.

▲ 오현제 시대를 연 네르바 황제

610년

우리나라: 담징은 고구려의 승려이자 화가였어요. 그는 610년 백제를 거쳐 일본으로 갔어요. 당시 일본은 중국과 한반도의 발달한 문화를 적극적으로 받아들이고 있을 때라 담징의 입국을 환영했지요. 담징은 일본인 승려 호조와 함께 불교를 알리고, 그림에 색을 넣는 법, 종이와 먹을 만드는 법, 맷돌을 만드는 법 등을 전해 주었어요. 그리고 호류사라는 절의 금당에 벽화를 그렸어요. 이 금당벽화는 동양 3대 미술품의 하나로 꼽혔으나 안타깝게도 1949년 화재로 소실되었어요.

▲ 호류사의 금당

담징이 금당벽화를 그렸다는 기록은 없어요. 금당벽화가 당시 일본의 문화 수준보다 뛰어난 작품이었기에 담징이 그렸거나 영향을 주었을 것이라는 추측이 굳어져 그의 작품이라고 전해졌대요.

중국: 수나라의 양제는 정치·군사 중심지인 화북 지역과 경제 중심지인 강남 지역을 연결해 나라를 고루 발전시키고자 했어요. 그래서 회하강과 황허강을 연결하는 대규모 운하를 만들기 시작했고 610년에 완공하였지요. 대운하는 이후 계속 유지·보수되어 지금까지도 중국 남북을 연결하는 수송로 역할을 하고 있어요. 물론 경제 발전과 통합에도 큰 역할을 하고 있고요.

한국사

남북국·후삼국 시대

676년 | 신라의 삼국 통일 |

백제에 웅진도독부를, 고구려에 안동도호부를 설치한 당나라는 신라에도 계림도독부를 설치하고 직접 지배하려 했어요. 신라는 기벌포 전투를 마지막으로 당나라를 몰아내고 우리나라 역사상 처음으로 통일 국가를 이루었어요.

685년 | 9주 5소경 설치 (신문왕) |

수도인 금성(지금의 경주)이 한반도의 동쪽에 치우쳐 있는 단점을 보완하고 새로이 영토로 편입한 지역을 효율적으로 다스리기 위해 전국을 9주로 나누었어요. 또한 옛 고구려 지역에 2경, 옛 백제 지역에 2경, 옛 가야 지역에 1경 등 총 5경을 설치하였지요.

698년 | 발해 건국, 남북국 시대 시작 |

768년 | 대공의 난 발생 (혜공왕) |

8세의 나이로 즉위한 혜공왕을 대신하여 어머니인 경수태후가 섭정하자 이에 불만을 가진 대공과 아우들이 반란을 일으켰어요. 이후 신라는 왕위 쟁탈전의 소용돌이에 휩싸였지요.

788년 | 독서삼품과 시행 (원성왕) |

~ AD 916

| 측천무후 집권 (중국) | 690년

남편인 고종이 죽은 뒤 실질적으로 당나라를 다스리던 측천무후는 스스로 황제가 되어 국호를 주(周)로 고쳤어요. 중국 최초이자 유일한 여황제인 그녀의 치세 동안 중국은 태평성대를 이루었지요.

| 이슬람 시대 개막 (에스파냐) | 711년

| 성상 숭배 금지 운동 (비잔티움 제국) | 726년

비잔티움 제국의 황제 레오 3세는 우상을 숭배하지 말라는 십계명을 근거로 예수나 성인들의 성상 사용을 금지했어요. 이를 계기로 그리스도교는 11세기에 동방 정교회와 로마 가톨릭교회로 분열되었어요.

| 아바스 왕조 수립 (사라센 제국) | 750년

3년 동안 페르시아 지방에서 반란을 이끌던 이브라힘이 우마이야 왕조를 멸망시키고 아바스 왕조를 세웠어요.

| 안사의 난 발생 (중국) | 755년

당 현종이 양귀비에게 빠져 정치를 소홀히 하자 절도사인 안녹산과 사사명이 반란을 일으켰어요. 9년간의 난 이후 당나라 중앙의 권력은 약해졌고 절도사의 힘은 강해졌어요.

고대 51

더 알아보기!

발해

698년 고구려 유민인 대조영은 지금의 지린성 둔화시 부근인 동모산에 발해를 세웠어요. 고구려가 멸망한 지 딱 30년 만에 고구려를 계승한 나라가 등장한 거예요. 이후 발해는 만주의 대부분과 연해주까지 영역을 넓혀 우리 민족이 세운 나라 중 가장 넓은 영토를 차지했어요.

개국할 때는 진국이라는 국호였다가 713년에 발해로 바꾸었고, 741년에는 동모산에서 상경용천부로 천도했어요. 761년 당나라로부터 국가로 인정받은 발해는 926년 거란에 의해 멸망할 때까지 '해동성국'이라 불리며 통일신라와 함께 남북국 시대를 이끌어 갔어요.

◀ 9세기의 남북국

발해는 10대 선왕 때 요동 지방에서 동해안에 이르는 가장 넓은 영토를 차지했는데, 고구려의 1.5~2배 정도 되었대요.

▲ 그라나다의 알람브라 궁전

이베리아반도의 이슬람

이베리아반도에서 가장 강했던 서고트 왕국이 이슬람 세력에 의해 무너진 711년부터 이슬람 시대가 개막되었어요. 이베리아반도 대부분을 장악한 718년부터 15세기 말까지 유지되었지요. 그라나다에는 이슬람 양식의 알람브라 궁전이 세워졌고, 코르도바에는 70여 개의 도서관이 만들어져 유럽에 이슬람 문명을 전해 주었어요. 이곳에서 고대 그리스 과학자와 철학자의 책들이 라틴어로 번역되었거든요.

독서삼품과

682년 신문왕 때 설치된 신라의 국립대학인 국학에서 788년에 학생들을 실력에 따라 세 등급으로 구분하는 독서삼품과가 시행되었어요. 상·중·하의 삼품 외에 유교 경전과 제자백가의 고전에 능통한 사람은 특품으로 관리하였는데, 관리로 등용될 때 이 등급들이 영향을 미쳤다고 해요. 독서삼품과는 우리나라에서 시행한 최초의 관리 선발 제도였답니다.

한국사

남북국·후삼국 시대

822년 | 김헌창의 난 발생 (헌덕왕) |

지금의 공주인 웅천주의 도독 김헌창이 왕위 계승 문제로 난을 일으켰어요. 한때 충청, 전라, 경상 지역에서 기세를 떨쳤으나 관군에 의해 진압되었지요.

828년 | 장보고 청해진 설치 (흥덕왕) |

894년 | 최치원 〈시무 10조〉 건의 (진성여왕) |

당나라의 과거에 합격하고 귀국한 최치원은 진성여왕에게 나라의 부패를 개혁하자는 내용의 〈시무 10조〉를 올렸어요. 그러나 귀족들의 반대가 워낙 거세서 이 개혁안은 시행되지 못했답니다.

900년 | 후백제 건국 (견훤) |

신라의 서남 해안을 방어하는 비장이었던 견훤은 900년에 군인과 농민 반란 세력을 모아 나라를 세웠어요. 지금의 전주인 완산주를 도읍으로 삼고 나라 이름을 후백제라 정한 견훤은 전라도와 충청도 등지를 지배하였고 중국, 일본 등과 교역했어요.

901년 | 후고구려 건국 (궁예) |

강릉 일대에서 활약한 궁예는 점차 세력이 강해지자 송악을 도읍으로 후고구려를 세웠어요. 강원도와 황해도를 중심으로 성장한 후고구려의 등장으로 한반도는 200여 년 만에 세 나라가 공존하는 분열의 시대가 시작되었어요.

세계사

~ AD 916

| 카롤루스 대제 서로마 황제 대관 (프랑크 왕국) | `800년`

교황 레오 3세는 로마를 지켜 주고 그리스도교 전파에 힘쓴 카롤루스 대제를 서로마 제국의 황제로 임명하였어요. 카롤루스 대제는 문예 부흥에 힘을 기울여 로마 문화, 그리스도교 문화, 게르만 문화가 합쳐진 유럽 문화의 기초를 마련하였어요.

| 바그다드 지혜의 집 개관 (사라센 제국) | `832년`

바그다드에 대형 도서관이자 연구소인 지혜의 집이 문을 열었어요. 세계 각지에서 온 학자들은 이곳에서 아랍에 소개되지 않은 책들을 번역하고 연구하였지요. 지혜의 집은 동서양의 지식을 통합하여 발전시켰답니다.

| 키릴 문자 제정 (체코) | `863년`

비잔티움 제국의 선교사였던 키릴루스 형제가 슬라브족에게 포교하기 위해 문자를 만들었어요. 그리스 문자를 바탕으로 만든 키릴 문자는 러시아와 발칸반도 일대의 표준 문자랍니다.

| 당 멸망, 5대 10국 시대 시작 (중국) | `907년`

| 거란 요나라 건국 | `916년`

당나라가 망하자 거란의 야율아보기는 상경임황부를 수도로 요나라를 세웠어요. 황허강 유역까지 진출해 유목문화와 농경문화를 융합한 요나라는 실크로드를 장악하여 경제적으로도 부유했어요.

고대 55

장보고

당나라에서 장교로 근무하다가 신라에 돌아온 장보고는 신라인이 당나라 해적에게 납치되어 노비로 팔리는 것을 보고 분노했어요. 흥덕왕은 귀족 출신이 아닌 장보고의 해적 소탕 계획을 흔쾌히 받아들이고 그를 청해진 대사로 임명했지요. 장보고는 바닷길의 요충지인 청해(지금의 완도)에 진을 설치하고, 수병을 훈련해 해적을 소탕했어요. 이로써 신라가 서해 무역의 주도권을 장악하게 되었지요.

이후 왕위 계승 전쟁에 휘말리긴 했지만, 장보고는 국가를 대신하여 당, 일본과 직접 교역할 정도로 세력이 강해졌어요. 그의 세력이 커지자 불안해진 귀족들은 자객을 보내 장보고를 살해하고 말았답니다.

최치원

최치원은 12세에 당나라로 유학을 떠났어요. 7년 만인 874년에 장원급제를 하여 당나라 관리가 되었는데, 황소의 난이 일어나자 황소를 토벌해야 한다는 내용의 〈토황소격문〉을 작성하였어요. 당시 최치원이 황소의 난을 진압하던 고변의 부하로 있었기 때문이지요. 글쓰기에 뛰어났던 최치원은 885년 귀국할 때까지 1만여 수의 시와 문장을 썼어요. 귀국 후 이를 《계원필경》 20권으로 정리하여 헌강왕에게 바쳤답니다.

최치원은 뛰어난 실력을 갖추고 있었지만 6두품 출신이어서 출세에 제약이 있었어요. 결국 그는 관직에서 물러나 유람하다가 가야산 해인사에서 여생을 마쳤다고 해요.

▶ 최치원 초상

당나라의 멸망

안사의 난 이후 당나라는 안정을 되찾지 못했어요. 절도사의 세력은 강해졌고, 환관과 외척은 끊임없이 다투었으며, 백성에 대한 착취는 심해져만 갔지요. 참다못한 백성들은 황소를 중심으로 뭉쳐 반란을 일으켰어요. 880년 수도 장안을 점령하고 황소는 황제 자리에 올랐어요. 황소의 난은 10년 만에 간신히 진압되긴 하였으나 당나라는 회복 불능 상태가 되었고, 결국 절도사 주전충에 의해 멸망하고 말아요.

이후 중국은 절도사들의 힘겨루기로 혼란한 5대 10국 시대에 접어들었어요. 약 70년 동안 이어진 5대 10국 시대는 중국의 마지막 분열 시기였어요.

알고 나면 더 재미있는 Tip

앞에서 우리나라와 세계에서 같은 해에 어떤 일이 벌어졌는지 알아보았어요. 어쩐지 아쉬우니 한 번 더 같은 해에 어떤 일이 일어났는지 알아보아요. 이번에는 신기하게도 비교할 나라가 같답니다.

751년

우리나라: 경주 토함산의 서쪽 기슭에는 불국사가, 산 정상의 동쪽에는 석굴암이 있어요. 경덕왕 때 재상이었던 김대성이 현세의 부모를 위해서는 불국사를 지었고, 전생의 부모를 위해서는 석굴암을 지었다고 해요. '부처의 나라'라는 뜻의 불국사와 화강암을 동굴처럼 쌓아 올려 만든 석굴암은 유네스코 세계 문화유산으로 지정되었지요.

프랑크 왕국: 프랑크 왕국의 실권을 장악하고 있던 피핀 3세는 메로빙거 왕조의 마지막 왕 힐데리히 3세에게서 왕위를 빼앗아 카롤링거 왕조를 열었어요. 그는 무력으로 오른 왕위를 인정받기 위해 교황 자카리아와 손잡았고, 롬바르드족이 지배하던 로마의 라벤나 지역을 획득하여 교황 스테파노 2세에게 기부하였어요. 이 땅은 교황령의 시초가 되었답니다.

> 피핀 3세는 키가 작아서 '소(小) 피핀', '단신왕 피핀'이라 불리기도 해요.

▲ 1603년에 그려진 소 피핀

771년

> 종소리가 '에밀레, 에밀레'처럼 들린다고 해서 에밀레종이라고도 한답니다.

우리나라: 성덕대왕신종은 국내에 현존하는 종 중에서 가장 크다고 해요. 경덕왕이 아버지인 성덕왕을 기리기 위해 만들기 시작했는데, 혜공왕 때인 771년에 완성되었어요. 19만 톤의 구리를 들여 만든 성덕대왕신종의 겉면에 새겨진 비천상은 화려하고 아름다운 데다가, 종소리가 맑고 거룩해서 세계 제일이라는 칭송을 받고 있지요. 국보 제29호로 지정되어 있어요.

▲ 성덕대왕신종

프랑크 왕국: 771년 아버지인 피핀 3세가 죽은 후 카롤루스 대제는 동생 카를로만과 공동 통치를 시작했어요. 3년 만에 동생이 세상을 떠나자 그는 왕국의 일인자가 되었어요. 카롤루스 대제는 활발한 정복 활동을 벌여 804년에는 에스파냐를 제외한 서유럽 대부분의 지역을 영토로 편입하였어요. 그는 점령지에 그리스도교를 적극적으로 전파하였고, 교회를 통해 예술과 문화를 크게 발전시켜 카롤링거 르네상스를 일으켰지요.
카롤루스 대제가 죽은 뒤 세 아들 사이에 내분이 일어났어요. 이때 갈라진 세 나라가 오늘날의 독일, 프랑스, 이탈리아의 기원이 되었답니다.

중세

한국사

고려 시대

918년 | 고려 건국 (왕건) |

태봉의 재상이었던 왕건은 홍유, 배현경, 신숭겸, 복지겸 등과 함께 횡포가 심해진 궁예를 몰아내고 새 나라를 건국하였어요. 왕위에 오른 왕건은 국호를 고려, 연호를 천수라 정하고, 919년에는 수도를 지금의 개성인 송악으로 옮겼어요.

926년 | 발해 멸망 |

영토 확장을 시작한 요나라의 첫 번째 목표였던 발해는 925년 12월 말부터 다음 해 1월 초까지 이어진 거란의 대대적인 공격으로 멸망하였어요.

936년 | 고려 후삼국 통일 |

958년 | 과거 제도 시행 (광종) |

우리나라 역사상 처음으로 관리 채용 시험인 과거 제도가 시행되었어요. 유학에 대한 지식과 글쓰기 능력이 있는 사람은 누구나 응시할 수 있었답니다.

976년 | 전시과 시행 (경종) |

~ AD 1381

| 후우마이야 왕조 칼리프 선언 (사라센 제국) | 929년

이베리아반도 후우마이야 왕조의 아브르 알 라흐만 3세는 929년 스스로 칼리프의 지위에 올랐어요. 이로써 무함마드의 후계자를 의미하는 칼리프가 아바스 왕조, 파티마 왕조, 후우마이야 왕조에 각각 존재하게 되었답니다.

| 송 건국 (중국) | 960년

5대의 마지막 왕조인 후주의 절도사였던 조광윤은 어린 황제의 선양으로 송나라를 세웠어요. 군인을 억압하고 문관을 우대하는 문치주의를 시행한 송나라는 경제적으로는 부유했지만 군사적으로는 취약했어요.

| 신성 로마 제국 수립 | 962년

지금의 독일인 동프랑크 왕국의 오토 1세는 왕권 강화를 위해 로마 교회와 손잡았고, 교황 요한 12세는 오토 1세에게 서로마 황제의 칭호를 부여했어요. 이때부터 독일은 1808년 8월 프란츠 2세 때까지 신성 로마 제국으로 불렸답니다.

| 카페 왕조 수립 (프랑스) | 987년

고려의 후삼국 통일

935년 우리나라 역사상 가장 오랫동안 이어졌던 천년 왕조 신라가 막을 내렸어요. 신라의 경순왕은 자진해서 태조 왕건에게 신라를 바쳤고, 그 대가로 왕건의 사위가 되었지요. 936년에는 왕건이 직접 나서서 지금의 선산인 일선에서 견훤의 아들 신검이 이끄는 후백제군을 격파하였어요. 이때 왕건은 아버지를 배신한 아들 둘은 죽이고 큰아들인 신검만을 용서해 주었지요. 아들들에게 쫓겨 고려로 투항했던 견훤은 고려 땅에서 병사했고요. 이로써 36년간의 후삼국 시대는 끝이 났고, 고려는 한반도에 진정한 통일 국가를 세웠답니다.

전시과

976년 왕위에 오른 경종은 중앙과 지방의 관리에게 직급에 따라 토지와 땔나무를 얻을 임야를 나누어 주는 전시과를 시행하였어요. 총 18등급으로 나누어진 과(科)에 따라 밭(田)과 임야(柴)의 수확량 일부를 받는 것이 바로 전시과예요. 나누어 준 토지나 임야에 대한 소유권은 국가가 가지고 관리했어요. 이는 국가의 힘이 강해져 중앙 집권이 가능했다는 것을 의미해요. 전시과는 목종, 현종 대를 거쳐 문종 30년인 1076년에 최종적으로 정비되었어요.

조광윤

군인의 둘째 아들로 태어난 조광윤은 과감하고 뛰어난 전략으로 여러 전투에서 승리하여 후주 군대의 총사령관이 되었어요. 959년 죽은 세종의 일곱 살 난 아들 공제가 즉위하자 거란의 군대가 쳐들어왔어요. 어린 군주를 얕잡아 본 거예요. 이 어린 군주의 통치가 불안했던 조광윤의 동생과 부하들은 조광윤이 잠든 틈을 타 그에게 황제 옷을 입히고 머리를 조아렸어요. 얼떨결에 황제가 된 조광윤은 성품이 온순하고 부드러운 사람이었지요. 그는 부하들의 군사 지휘권을 설득으로 회수하였고, 의견이 다른 사람들끼리 서로 조율하고 존중할 수 있도록 특별한 교시를 내렸대요.

▲ 송나라의 태조 조광윤

카페 왕조

지금의 프랑스인 서프랑크 왕국 카롤링거 왕조의 마지막 왕이었던 루이 5세는 자식 없이 죽었어요. 그래서 성직자와 귀족들은 파리의 백작이던 위그 카페를 왕으로 추대하였지요. 위그 카페는 즉위하자마자 자기 아들을 후계자로 정하고는 대관식까지 거행했어요. 성직자와 귀족들의 반발을 미리 차단하고 순조롭게 왕위를 대물림하기 위해서였지요. 이로써 프랑스의 첫 왕조인 카페 왕조가 수립되어 1328년까지 유지되었답니다.

고려 시대

1019년 | 강감찬 귀주대첩 승리 (현종) |

1044년 | 천리장성 완공 (정종) |

세 차례에 걸친 거란의 침입 이후 덕종은 1033년 북방 민족의 침입을 막기 위한 장성을 쌓으라고 명령하였어요. 유소의 지휘로 1044년 압록강에서 도련포에 이르는 천리장성이 완공되었지요. 이로써 고려는 태평성대로 나아갈 수 있었어요.

1049년 | 동서대비원 설치 (문종) |

빈민을 위한 의료시설인 대비원이 개경의 동쪽과 서쪽에 설치되었어요. 제위보에서 하던 질병 치료와 구호 부분을 분리하여 강화한 대비원은 진료뿐만 아니라 불교 전파에도 큰 역할을 했답니다.

1097년 | 주전도감 설치 (숙종) |

현물 화폐나 쇠돈 사용의 불편함을 해소하고 경제를 활성화하기 위해 화폐를 주조하는 주전도감이 설치되었어요. 주전도감에서는 동국통보를 비롯하여 해동통보, 삼한통보 등을 만들었는데, 화폐에 대한 인식이 부족하여 원활하게 유통되지는 못하였어요.

세계사

~ AD 1381

| 리 왕조 수립 (베트남) | `1009년`

1,000여 년에 걸친 중국의 지배에서 벗어난 지 약 70년 후인 1009년에 궁중의 근위대장이었던 리 꽁 우언에 의해 리 왕조가 세워졌어요. 리 왕조는 안정적으로 존속한 베트남 최초의 왕조로, 1225년까지 유지되었어요.

| 교자 발행 (중국) | `1023년`

| 셀주크 튀르크 왕조 수립 (사라센 제국) | `1037년`

중앙아시아에 살던 튀르크족의 일파인 셀주크 튀르크가 세운 셀주크 제국은 족장 투그릴 베크의 지도 아래 아무르강 유역에서 유프라테스강에 이르는 대국가로 발전하였어요. 이는 중앙아시아 유목 민족이 이슬람 세계의 지배자가 되었음을 의미하지요.

| 동·서 교회의 분리 | `1054년`

성상 숭배 금지령으로 금이 가기 시작한 그리스도교 교회는 로마 가톨릭교회와 동방 정교회로 완전히 갈라섰어요.

| 왕안석 개혁 (중국) | `1067년`

잦은 전쟁으로 나라의 재정이 궁핍해지자, 신종은 왕안석이 제시한 부국강병책인 신법을 받아들여 시행하였어요.

| 카노사의 굴욕 (신성 로마 제국) | `1077년`

중세

더 알아보기!

교자

상업이 발달하면서 화폐 사용이 늘자 동전의 보관과 운반 등에 불편이 커졌어요. 수없이 이루어지는 거래에 무겁고 부피가 큰 동전은 방해가 될 정도였기에 상인들은 종이로 된 증명서인 어음을 발행하기 시작했어요. 이 어음을 하나로 통일하여 국가 차원에서 발행한 것이 교자예요. 교자무에서 발행한 지폐인 교자는 전국 어디에서나 쓸 수 있는 어음이었지요. 교자 발행으로 송나라 경제는 더욱 발전했어요.

▲ 교자

교자는 세계 최초로 발행된 종이돈이랍니다.

거란의 고려 침입

993년 거란이 고려에 쳐들어왔어요. 송나라를 공격하기 전에 고려부터 단속하려고 소손녕의 80만 대군이 침략해 온 것이지요. 이때 서희가 소손녕과 담판을 벌여 거란군을 철수시키고 강동 6주를 획득했어요. 그 대가로 거란의 연호를 사용해야 했지만요. 1010년에는 거란의 두 번째 침입이 있었어요. 목종을 살해하고 왕위에 오른 강조를 벌하겠다는 명목으로요. 그러나 거란의 진짜 목적은 고려와 송의 외교를 단절시키고, 고려로부터 강동 6주를 빼앗아 가는 것이었어요. 현종이 나주로 피란 가는 상황이 되자 고려는 거란에 화친을 제의하였고, 거란이 이를 받아들여 전쟁이 일단락되었어요. 1018년 거란이 세 번째로 쳐들어왔어요. 고려가 1013년부터 다시 송나라와 교류했기 때문이었어요. 이때 강감찬이 20만의 병력을 이끌고 귀주에 매복하고 있다가 퇴각하는 거란군을 격파하였어요. 10만의 거란 병사 가운데 귀주대첩에서 살아남아 거란으로 돌아간 사람은 수천 명에 불과했대요.

카노사의 굴욕

성직자 임명권을 둘러싸고 교황 그레고리우스 7세와 신성 로마 제국의 황제 하인리히 4세가 정면충돌하였어요. 교황과 황제는 서로를 파문하고 폐위하는 등 극심하게 대립하였지요. 평소 하인리히 4세의 정책에 불만을 품고 있던 독일 제후들이 교황의 편을 들자, 하인리히 4세는 더는 버틸 수가 없었어요. 결국 그는 북이탈리아의 카노사성에 머물고 있던 교황을 찾아가 용서를 구했답니다. 성문 앞에 서서 눈 속에서 맨발로 사흘간 용서를 빌어 겨우 파문을 면한 하인리히 4세는 자존심이 상해 1월의 추위만큼 마음이 꽁꽁 얼어버렸어요. 훗날 그는 그레고리우스 7세를 교황 자리에서 쫓아내 버렸지요. 이 카노사의 굴욕 사건 이후 황제의 권위는 크게 손상되었고, 교회에 대한 통제권도 대부분 잃었어요. 반면 교황의 권위와 위엄은 크게 높아졌지요.

▶ 카노사의 하인리히 4세

중세 **69**

한국사

고려 시대

1107년 | 윤관 동북 9성 축조 (예종) |

1104년 여진족의 기병과 대적하기 위한 새로운 군사 조직인 별무반이 창설되었어요. 윤관은 별무반을 이끌고 여진족 토벌에 나서 함주, 길주 등지에 9성을 쌓았어요. 그러나 관리가 어렵다는 이유로 2년 만에 동북 9성을 여진족에게 돌려주었지요.

1126년 | 이자겸의 난 발생 (인종) |

인종의 외할아버지인 이자겸은 척준경 등과 손잡고 자신이 왕위에 오르려고 반란을 일으켰어요. 그러나 인종에게 회유당한 척준경의 지략으로 이자겸은 체포되었답니다.

1135년 | 묘청의 서경 천도 운동 (인종) |

1170년 | 무신 정권 성립 (의종) |

1196년 | 최씨 정권 시작 (명종) |

최충헌이 동생 최충수와 함께 13년 동안 권력을 독점하고 있던 이의민을 죽이고 정권을 장악했어요. 이후 4대에 걸쳐 60년간 최씨 정권이 이어졌어요.

1198년 | 만적의 난 발생 (신종) |

최충헌의 개인 노비였던 만적은 다른 노비들과 함께 반란을 계획했는데, 한유충의 노비인 순정의 배신으로 실패하고 말았어요.

세계사

~ AD 1381

| 여진 금 건국 | **1115년**

만주 일대에서 생활하던 여진족 완안부의 추장 아구다가 금나라를 세웠어요. 금나라는 전통적인 씨족 조직이자 군사 조직인 맹안·모극 제도를 바탕으로 짧은 시간에 제국으로 성장하였지요.

| 남송 건국 (중국) | **1127년**

| 제2차 십자군 전쟁 발발 | **1147년**

| 앙코르와트 완공 (캄보디아) | **1159년**

1113년에 즉위한 수리야바르만 2세는 분열되어 있던 왕국을 통일하고 앙코르 왕조의 국력을 동남아시아 전역에 떨쳤어요. 이 전성기에 사원의 도시라는 뜻의 앙코르와트가 지어졌는데, 이는 이후 캄보디아의 상징이 되었지요.

| 노트르담 대성당 건설 (프랑스) | **1163년**

고딕 양식의 걸작인 노트르담 대성당은 1163년에 공사를 시작해 1245년에 완성되었어요. 안타깝게도 2019년 4월 15일 화재로 많은 부분이 소실되었답니다.

| 무사 정권 탄생 (일본) | **1185년**

무사들의 지도자였던 미나모토 요리토모는 일본 전역의 군사력을 장악하고 쇼군이 되어 가마쿠라에 최초의 바쿠후를 설치했어요.

중세

서경 천도 운동

지금의 평양인 서경 출신의 묘청은 인종에게 지세가 다한 개경을 버리고 서경으로 천도할 것을 권유하였어요. 서경으로 도읍을 옮기면 주변의 많은 나라가 조공을 바칠 것이라는 묘청의 감언이설도 있었지만, 서경 천도가 개경에 근거를 둔 귀족들의 세력을 약하게 할 기회라고 생각한 인종은 서둘러 이를 추진하였어요. 그러나 묘청의 황당한 말과 행동에 실망한 인종은 천도 중단을 선언했고, 이에 반발한 묘청은 반란을 일으켰지요. 반란은 김부식이 이끄는 토벌군에 의해 1년여 만에 진압되었고, 서경 천도 운동은 실패로 끝났어요.

무신 정권

무신을 무시하는 경향이 널리 퍼져 있는 상황에서 왕과 문신들은 사치와 방탕을 일삼고 있었어요. 참다못한 무신들은 정중부와 이의방, 이고 등을 중심으로 쿠데타를 일으켰어요. 한뢰, 임종식 등의 문신을 살해한 정중부는 의종을 폐위하고 거제도로 귀양 보낸 다음 의종의 동생을 19대 명종으로 세웠지요. 이로써 고려 사회는 문벌 귀족 사회가 아닌 무신 정권 사회로 탈바꿈했어요. 무신 정권은 이후 100년간 지속되었어요.

남송 건국

송나라는 요나라로부터 연운 16주를 되찾기 위해 금나라와 손잡았어요. 그런데 송나라는 동맹 때 체결한 약속을 무시하고 지키지 않았을뿐더러 여진족을 오랑캐라며 함부로 대하기까지 했지요. 이에 금나라가 10만 병력을 이끌고 송나라에 쳐들어왔어요. 수도 카이펑은 함락되었고, 흠종은 포로로 잡혀갔고, 송나라는 멸망했지요. 이를 '정강의 변'이라고 해요. 이때 흠종의 아홉 번째 동생 고종은 금나라의 세력이 미치지 못하는 강남으로 도망갔어요. 그는 임안을 수도로 정하고 남송을 건국하여 강남 개발에 힘을 쏟았어요.

십자군 전쟁

클레르몽 공의회에서 출정을 결정한 서유럽 사람들은 무슬림으로부터 성지 예루살렘을 되찾기 위해 1096년 1차 십자군 원정에 나섰어요. 가슴과 어깨에 십자가 표시를 하여 십자군이라 불린 이들은 예루살렘을 탈환하였지요. 그러나 2차 원정부터는 목적을 이루지 못했어요. 200여 년간 계속된 십자군 전쟁으로 교황의 권위는 약화되었고, 왕권은 강화되었어요. 한편 수준 높은 이슬람과 비잔티움의 문화가 유럽에 전해져 사람들의 생활 수준과 삶의 질이 높아졌답니다.

▼ 제2차 십자군 전쟁

고려 시대

1231년 | 몽골의 침략 (고종) |

1258년 | 최씨 정권 몰락 (고종) |

최고 권력자였던 최의가 김준, 유경 등에게 살해되었어요. 이로써 60여 년간 지속됐던 최씨 무신 정권이 무너지고 왕은 세력을 되찾았으나, 고려 전기와 같은 왕권이 회복된 것은 아니었어요.

1270년 | 삼별초 대몽 항쟁 (원종) |

원종과 귀족, 관료 등이 강화도를 떠나 개경으로 환도하자, 이를 못마땅하게 여긴 삼별초는 진도로 이동하였어요. 배중손을 중심으로 대몽 항쟁을 벌였던 삼별초는 근거지를 제주도로 옮겨 가면서까지 저항하였지만 1273년 모두 진압되고 말았어요.

1283년 | 원 정동행성 재설치 (충렬왕) |

원나라는 일본 원정을 위해 설치했던 정동행성을 다시 세워 고려를 내정 간섭하였어요. 고려의 왕은 정동행성의 좌승상에 임명되는 굴욕을 당했답니다.

1285년 | 일연 《삼국유사》 완성 (충렬왕) |

~ AD 1381

| 몽골 제국 수립 | 1206년

몽골의 부족장 회의인 쿠릴타이에서 테무친이 칭기즈 칸으로 추대되었어요. 그는 중국 본토를 지배하고는 동서양을 아우르는 인류 역사상 두 번째로 큰 제국을 건설하였지요.

| <마그나카르타> 제정 (영국) | 1215년

왕의 실정을 견디다 못한 귀족들은 존왕에게 <마그나카르타(대헌장)>를 제시하였어요. 프랑스와의 전쟁에서 패한 존왕은 마지못해 이 문서에 서명하였지요. <마그나카르타>는 법이 왕 위에 있다는 것을 최초로 확인한 문서였어요.

| 수코타이 왕조 수립 (타이) | 1238년

자유의 새벽이라는 뜻의 수코타이 왕조는 타이족 최초의 통일 왕조였어요. 수코타이 왕조는 법률과 제도는 중국 것을 받아들였지만, 불교를 국교로 삼았고 타이 문자를 만들어 사용하였어요.

| 몽골 원 건국 (중국) | 1271년

1267년 베이징으로 천도한 쿠빌라이 칸은 1271년 국호를 원으로 바꾸었어요. 1279년에는 남송을 멸망시키고 중국을 통일하여 중국 역사상 최초로 북방 유목 민족의 중국 지배를 이루었지요.

| 마르코 폴로 《동방견문록》 완성 (이탈리아) | 1299년
| 오스만 제국 수립 |

중세 75

더 알아보기!

몽골의 고려 침략

몽골의 사신 저고여가 고려에 왔다가 귀국하는 길에 압록강 부근에서 살해되었어요. 이를 빌미로 1231년 몽골이 고려에 쳐들어왔지요. 다음 해 고려는 몽골과의 전쟁을 계속하기로 결정하고 강화도로 천도했지만, 총 7차례에 걸친 몽골의 침략으로 만신창이가 되고 말았어요. 특히 2차 침입 때는 대구 부인사에 있던 〈초조대장경〉이 소실되었고, 3차 침입 때는 경주 황룡사 9층 목탑이 잿더미가 되었어요. 1259년 고려의 태자가 몽골을 방문하여 전쟁을 끝냈어요. 고려는 몽골에 사대의 예를 갖추지만, 고려의 주권과 풍속은 유지한다는 합의를 이끌어 냈지요. 그러나 고려에 대한 몽골의 간섭은 이후 100여 년 동안 직·간접적으로 이루어졌어요.

《삼국유사》

충렬왕 때의 승려 일연은 고대사의 여러 사료를 모아 《삼국유사》를 저술했어요. 《삼국유사》는 총 5권 2책으로 구성되었는데, 고조선부터 후삼국까지 다루고 있어요. 이 책은 단군신화와 고조선이 서술되어 있고 설화와 시가, 향가가 수록되어 있어서 김부식의 《삼국사기》와 함께 우리나라의 고대 사회를 알려 주는 중요한 역할을 하고 있지요. 국보 306호로 지정된 《삼국유사》는 부산 범어사에 보관되어 있어요.

▲ 《삼국유사》

《동방견문록》

베네치아의 상인이었던 마르코 폴로는 17년간 원나라에 머물면서 서양의 풍습과 문화 등을 알려 주었고, 양저우를 다스리기도 하였어요. 가까운 미얀마와 인도를 여행했고요. 비단길을 통해 원나라에 왔던 그는 바닷길을 통해 베네치아로 돌아가 《동방견문록》을 썼어요. 사실 《동방견문록》을 쓴 사람은 루스티첼로라는 작가예요. 고향에 돌아와 전쟁에 참여했다가 포로가 된 마르코 폴로가 감옥에서 들려준 중국 체험담을 루스티첼로가 받아 적어 책으로 낸 것이지요. 어쨌든 《동방견문록》은 중국의 문물을 서양에 상세하게 알려 준 책이랍니다.

오스만 제국

튀르크족인 오스만 1세는 아나톨리아를 중심으로 이슬람 국가인 오스만 제국을 세웠어요. 몽골의 공격으로 쇠퇴한 셀주크 튀르크를 대신한 오스만 제국은 15세기에 비잔티움 제국을 멸망시켰지요. 그 후 터키를 중심으로 북아프리카, 메소포타미아, 팔레스타인, 발칸반도까지 영역을 확대했어요. 오스만 제국은 1922년 터키 공화국이 건국할 때까지 400여 년간 유지되었어요.

▲ 1453년 비잔티움 제국의 수도 콘스탄티노폴리스를 함락시킨 오스만 제국의 술탄 메메트 2세

한국사

고려 시대

1352년 | 개혁 정책 시작 (공민왕) |

1351년 왕위에 오른 공민왕은 원의 간섭에서 벗어나려고 했어요. 다음 해에는 오랑캐 옷과 변발을 금지하였고, 몽골 연호와 관제, 쌍성총관부와 정동행성을 폐지하였어요. 그러나 공민왕의 개혁은 홍건적의 침입과 사회·경제 개혁을 위해 등용했던 신돈이 제거되면서 물거품이 되고 말았어요.

1364년 | 문익점 목화씨 도입 (공민왕) |

원나라에 사절단으로 다녀온 문익점은 관직에서 물러난 뒤 몰래 들여온 목화 씨로 목화를 재배하였어요. 그는 3년 만에 대량 재배에 성공하였으며, 씨를 빼는 씨아와 실을 뽑는 물레를 만드는 법을 백성에게 알려 주었어요.

1377년 | 《직지심체요절》 인쇄 (우왕) |

청주 흥덕사에서 부처와 승려의 가르침과 대화, 편지 등에서 중요한 내용을 뽑아 편찬한 《직지심체요절》을 금속 활자인 주자로 인쇄하였어요. 2001년 9월 유네스코 세계 기록유산으로 지정된 이 책은 세계에서 가장 오래된 금속 활자본이에요.

1388년 | 이성계 위화도 회군 (우왕) |

1392년 | 정몽주 피살, 고려 멸망 |

~ AD 1381

| 아비뇽 유수 발생 (프랑스) | 1309년

교황과의 힘겨루기에서 승리한 프랑스의 필리프 4세는 교황청을 로마에서 프랑스 남부의 아비뇽으로 옮겼어요. 이후 교황들은 1377년까지 아비뇽에서 머물러야 했어요. 교황권이 왕권에 굴복한 것을 포로로 갇히는 데에 비유하여 '유수'라고 해요.

| 백년 전쟁 발발 (영국, 프랑스) | 1337년

프랑스의 왕위 계승 문제를 계기로 영국과 프랑스가 전쟁을 시작했어요. 경제적인 부분도 전쟁의 원인으로 작용했던 백년 전쟁은 1453년에 끝이 났어요. 잔 다르크의 활약으로 프랑스가 승리하였지요.

| 흑사병 발생 | 1347년

중국에서 발생한 흑사병이 동서 교역로를 따라 유럽에 전해졌어요. 약 100년 동안 유행한 흑사병으로 유럽 인구의 30~50%가 사망했고, 장원 경제 체제가 붕괴하였어요.

| 명 건국 (중국) | 1368년

| 티무르 왕조 수립 (사라센 제국) | 1369년

| 와트 타일러의 난 발생 (영국) | 1381년

백년 전쟁으로 비어버린 국고를 채우기 위해 세금을 늘린 것에 불만을 가진 농민들과 타일러가 반란을 일으켰으나 실패하였어요.

중세

더 알아보기!

위화도 회군

명나라는 철령 이북 지역이 과거 원나라의 영토였기에 지금은 자국의 영토라면서 직접 다스리겠다고 고려에 통보하였어요. 이에 우왕은 요동 정벌을 주장한 권문세족인 최영, 조민수와 요동 정벌을 반대한 이성계를 함께 출정하도록 했어요. 요동으로 가던 도중 세찬 비와 병사들의 탈영으로 전투 수행이 어려워지자, 이성계는 병력을 이끌고 위화도에서 개경으로 돌아왔어요. 최영을 죽이고 우왕을 강화도로 유배 보낸 이성계는 정치·군사적 권력을 장악했어요. 이후 고려는 이성계와 신진사대부에 의해 변화를 맞이하였어요.

고려 멸망

정몽주는 고려 대신 새로운 나라를 건설하자는 정도전 등 신진사대부의 주장에 반대하였어요. 그는 정도전과 함께 사회를 개혁하려고 노력했으나 고려라는 나라는 끝까지 지키려 했어요. 결국 정몽주는 선죽교에서 이성계의 아들 이방원이 보낸 자객에게 살해되었어요. 이성계는 공양왕을 폐위하고 스스로 왕위에 올랐지요. 이렇게 고려는 역사 속으로 사라졌어요(1392년). 그러나 고려라는 국호는 1393년까지 사용하였고, 지금의 서울인 한양으로의 천도는 1394년에 이루어졌지요.

명나라 건국

원나라 말기에는 한족에 대한 차별과 핍박, 과도한 세금 등으로 사회가 혼란했어요. 특히 이민족 왕조에 대한 한족의 불만이 심했지요. 이들은 머리에 붉은 두건을 쓰고 곳곳에서 난을 일으켰어요. 결국 원나라는 몽골고원으로 쫓겨 가고 주원장이 전 국토를 통일하여 명나라를 세웠어요. 명나라는 몽골족의 관습을 없애고 한족의 유교 문화를 회복하고자 노력하였어요. 이갑제를 통해 강력한 중앙 집권을 시행하였지요.

▲ 명나라의 태조 홍무제 주원장

티무르 왕조

칭기즈 칸을 존경해 그의 길을 따랐던 티무르는 킵차크한국을 정복하고 사마르칸트를 수도로 나라를 세웠어요. 1508년까지 유지된 티무르 왕조는 지금의 우즈베키스탄을 넘어 중앙아시아와 서아시아에 이르는 대제국을 건설하였지요. 사마르칸트는 이슬람 문화의 중심지로 예술과 학문이 찬란하게 발달하였어요.

알고 나면 더 재미있는 Tip

우리나라에 고려가 존속했던 918년부터 1392년까지 중국에서는 송나라와 원나라, 그리고 명나라가 바통을 주고받았어요. 유럽에서는 프랑스와 독일의 첫 왕조가 등장했고, 신성 로마 제국이 세워졌으며, 그리스도교 사회가 굳건히 자리 잡았지요. 이슬람 세계에서는 튀르크족의 셀주크 왕조와 오스만 왕조가 패권을 장악했고요. 정치적으로 이러한 변화를 겪은 400여 년 동안 어떠한 문학 작품들이 쓰였을까요? 지금부터 알아보도록 해요.

소식의 〈적벽부〉 (1082년)

소동파로 더 많이 알려진 소식은 왕안석의 신법을 시행하는 것에 반대하다가 적벽 부근으로 귀양을 갔어요. 그곳에서 인생의 무상함과 자연과의 일치, 적벽 뱃놀이의 즐거움에 대해 노래한 작품이 〈적벽부〉예요. 〈적벽부〉는 소동파의 대표적인 작품으로, 지금까지도 많은 사람이 좋아하는 중국 고전이랍니다.

> 어느 날 소동파는 돼지고기를 불에 올려놓은 채, 친구와 바둑을 두느라 까맣게 태웠어요. 그걸 그대로 친구에게 대접한 데에서 '동파육'이 유래하였대요.

▶ 소식

주희의 《사서집주》 (1177년)

송나라 유학자들은 유교 경전 중 사서인 《논어》·《맹자》·《대학》·《중용》을 중요하게 여겼어요. 주희 또한 사서에 성리학의 핵심이 담겨 있다고 여겨, 여기에 주석을 달아 《사서집주》를 저술하였어요. 《사서집주》는 이후 수백 년 동안 도덕과 유학 연마에 절대적인 권위를 가진 책이 되었지요. 조선에서도 과거 시험의 교재로 채택되었답니다.

토마스 아퀴나스의 《신학대전》 (1273년)

신학을 철학의 완성으로 본 토마스 아퀴나스는 아리스토텔레스 철학과 그리스도교 신학을 결합하여 지성과 신학의 조화를 꾀하였어요. 그는 《신학대전》을 통해 신의 존재에 대한 증명을 시도하였지요. 이 책은 스콜라 철학의 절정을 보여 주었고, 서양 사상의 모든 분야에 걸쳐 큰 영향을 끼쳤어요.

단테의 《신곡》 (1321년)

《신곡》은 이탈리아의 단테가 지은 서사시로, 지옥 편, 연옥 편, 천국 편의 3부로 되어 있어요. 각각의 부마다 33개의 곡으로 되어 있는 이 책은 인간의 영혼이 죄악의 세계로부터 정화되는 과정을 그렸답니다. 권력층 언어인 라틴어가 아닌 이탈리아 토스카나 지방의 사투리로 자기 생각과 감상을 자유롭게 저술하였는데, 이로써 단테는 르네상스의 선구자가 되었어요.

한국사

조선 시대

1392년 | 조선 건국 (태조 이성계) |

1392년 7월 16일 공양왕에게 왕위를 넘겨받아 태조가 된 이성계는 1393년 3월 고조선을 계승한다는 뜻에서 나라 이름을 조선으로 바꾸었어요. 조선은 1910년 8월까지 27대 519년 동안 이어졌지요.

1400년 | 태종 즉위 |

1418년 | 세종 즉위 |

두 형 양녕대군과 효령대군의 양보로 왕위에 오른 세종대왕은 조선 초기 나라의 기틀을 마련하였어요. 집현전을 설치하였고, 조선의 실정에 맞는 농사법과 측우기를 보급하였으며, 4군 6진을 개척하여 압록강과 두만강 유역을 국경선으로 정했어요.

1453년 | 계유정난 발생 (단종) |

1453년 10월 10일 어린 단종의 숙부인 수양대군이 단종을 보필하던 영의정 황보인, 좌의정 김종서 등과 아우인 안평대군을 제거하고 정권을 장악한 계유정난이 일어났어요. 1455년에는 스스로 왕위에서 물러난 단종을 대신하여 세조로 등극했지요. 1456년 성삼문, 박팽년 등이 단종 복위 운동을 벌였으나 실패하였어요.

세계사

~ AD 1896

| 정화의 남해 원정 시작 (중국) | 1405년

조카인 건문제로부터 황위를 빼앗은 영락제는 국내의 관심을 외부로 돌리려고 대규모 원정을 시행하였어요. 환관 정화가 책임자였던 남해 원정은 1431년까지 7차례 이루어졌어요. 그 결과 동남아시아에 화교가 탄생했고 조공 무역이 시작되었답니다.

| 잔 다르크의 활약 (프랑스) | 1429년

백년 전쟁은 프랑스의 왕위 계승 문제와 플랑드르 지방의 양모 산업 문제가 복잡하게 얽혀 1337년 영국군이 프랑스를 침입하면서 발발하였어요. 전쟁 초기에는 영국이 우세했지만 잔 다르크의 활약으로 전쟁의 주도권이 프랑스로 넘어왔지요. 1431년 영국군에게 붙잡힌 잔 다르크는 화형당했지만, 전쟁은 프랑스가 승리했어요.

| 구텐베르크 활판 인쇄술 발명 (독일) | 1450년

| 비잔티움 제국 멸망 | 1453년

| 장미 전쟁 발발 (영국) | 1455년

장미 전쟁은 랭커스터 가문과 요크 가문 사이의 왕위 다툼으로, 두 가문의 문장이 모두 장미였기에 장미 전쟁이라고 불렀어요.

근세 **87**

더 알아보기!

태종

1398년의 1차 왕자의 난과 1400년의 2차 왕자의 난으로 실질적 권력을 장악하고 있던 이방원이 태종으로 즉위하였어요. 이방원은 태조 이성계의 다섯째 아들로, 개국 공신임에도 왕위 계승에서 소외되자 이 같은 난을 벌였지요. 태종은 왕권 강화를 위한 개혁을 시행하였어요. 사병을 없애 군사권을 왕에게 집중시켰으며, 의정부를 설치하는 등 중앙과 지방 제도를 정비하였고, 호패법을 시행하여 인력 동원과 세금 부과를 철저히 하였어요. 또한 숭유억불 정책을 시행하여 많은 절을 정리하고는 절에 딸려 있던 토지와 노비를 나라에 귀속시켰지요. 백성들의 억울한 사정을 해결해 주기 위해 신문고를 설치하였고요.

훈민정음

1443년 세종대왕과 집현전 학자들에 의해 창제된 훈민정음은 1446년에 반포되었어요. 말과 글이 맞지 않아 불편해하는 백성들을 위해 제정한 훈민정음은 28자의 표음 문자로 이루어져 있어 배우고 사용하기가 쉬웠어요. 오늘날에는 24자만 쓰이고 있지요. 훈민정음은 발음기관을 본떠 만든 과학적인 글자로 세계에서 인정받고 있어요. 전 세계의 수많은 문자 중에 한 시기에 만들어져 반포·사용되었으며 600년 이상 사용되고 있는 문자는 오직 한글밖에 없다고 해요.

1962년 12월 20일에 국보 70호로 지정되었어요.

▲ 훈민정음

활판 인쇄술

구텐베르크는 납과 주석으로 금속 활자를 만들었을 뿐만 아니라 인쇄에 적합한 새로운 잉크와 인쇄기를 제작하였어요. 또한 활판을 고안하여 주조된 금속 활자를 활판에 배열·인쇄한 후 이를 해체하고 다시 활판에 금속 활자를 배열하는 방식으로 여러 책을 손쉽게 인쇄할 수 있게 하였어요. 1454년에는 《구텐베르크 성경》 인쇄에 성공하였지요. 이후 활판 인쇄술은 유럽 전역으로 퍼져 나갔어요.

▲ 요하네스 구텐베르크

비잔티움 제국 멸망

1453년 오스만 제국의 술탄 메메트 2세는 초대형 대포로 콘스탄티노폴리스를 공격하여 함락시켰어요. 이때 제국의 마지막 황제인 콘스탄티누스 11세가 살해되면서 1,000년 이상 이어져 온 비잔티움 제국은 운명을 다하였답니다. 비잔티움 제국의 멸망은 유럽에 커다란 충격이었어요. 그리스도교 사회였던 지역이 이슬람 제국으로 탈바꿈했고, 콘스탄티노폴리스를 통해 유럽에 들여오던 후추, 육두구 등 동양의 특산품을 수입할 수 없게 되었거든요. 이후 유럽은 동방으로 통하는 새로운 무역로를 찾기 시작했어요.

한국사

조선 시대

1485년 | 《경국대전》 공포 (성종) |

조선은 건국과 동시에 법전을 편찬하기 시작하였고, 고려 말부터 성종 초년까지 약 100년간 반포된 모든 법령과 조례·관례 등을 고치고 정리하여 《경국대전》을 완성하였어요. 《경국대전》은 조선 시대 최고의 법전이었답니다.

1498년 | 무오사화 발생 (연산군) |

1506년 | 중종반정 발생 (중종) |

연산군의 악행과 폭정이 계속되자 성희안, 박원종 등의 훈구파가 중심이 되어 연산군을 몰아내고 이복동생인 진성대군을 제11대 왕 중종으로 추대했어요. 이 사건을 중종반정이라고 해요. '반정'은 나쁜 임금을 몰아내고 새 임금을 세우는 것을 말해요.

1554년 | 비변사 설치 (명종) |

비변사는 1510년에 발생한 삼포왜란을 계기로 설치된 후 필요할 때만 활동하는 임시 기구였어요. 그러다 1554년 상설되어 조선 중·후기 나랏일을 총괄하는 최고 관청이자 문무 합의 기구 역할을 하였어요. 조선 전기의 의정부처럼 말이지요.

1559년 | 임꺽정의 난 발생 (명종) |

세계사

~ AD 1896

| 튜더 왕조 시작 (영국) | 1485년

랭커스터 가문의 헨리 튜더는 보스워스 전투에서 승리한 후 헨리 7세로 즉위하였어요. 그렇게 시작된 튜더 왕조는 잉글랜드 절대왕정의 기반을 닦으며 1603년까지 유지되었어요.

| 콜럼버스 신대륙 발견 (에스파냐) | 1492년

| 사파비 왕조 수립 (페르시아) | 1502년

티무르 왕조가 약해진 틈을 타 페르시아 지방에 사파비 왕조가 들어섰어요. 사파비 가문의 이스마일 1세에 의해 건설된 이 왕조는 시아파를 믿었으며, 페르시아 전역을 통일하고 18세기 말까지 세력을 떨쳤답니다.

| 루터 종교 개혁 (독일) | 1517년

| 아스테카 제국 멸망 (에스파냐) | 1521년

에스파냐의 군인 코르테스가 600명의 부하를 이끌고 아스테카 왕국의 수도인 테노치티틀란을 공격하였어요. 황제인 몬테수마 2세는 포로로 붙잡혔고, 수백만의 아스테카 사람들은 유럽인들이 옮긴 천연두에 걸려 목숨을 잃었어요. 1532년에는 에스파냐의 피사로가 지금의 페루 지역에 있던 잉카 제국을 멸망시켰어요.

| 아우크스부르크 화의 체결 (독일) | 1555년

사화

조선 건국과 계유정난 등에 공을 세운 훈구파와 향촌에서 성리학을 공부한 사림파 사이의 대립을 사화라고 해요. 첫 번째 사화는 1498년 《성종실록》의 사초 작성이 문제가 되어 발생한 무오사화예요. 두 번째 사화는 1504년 연산군의 어머니인 폐비 윤씨의 복위 문제로 일어난 갑자사화이고, 세 번째 사화는 1519년 중종의 사림파 등용에 반발한 훈구파가 일으킨 기묘사화이며, 마지막 사화는 왕위 계승을 둘러싼 외척 간의 갈등이 원인이 되어 1545년(명종 즉위년)에 일어난 을사사화예요. 네 차례의 사화로 수많은 사람이 죽거나 귀향을 떠났답니다.

임꺽정

조선 중기 공물과 군역의 부담으로 백성들이 살기 어려워졌어요. 임꺽정이 이끄는 청석골 패는 관가를 공격해 빼앗은 재물을 빈민에게 나누어 주었고 억울하게 체포된 사람들을 구해 주었지요. 이를 나라에 대한 정면 도전으로 여긴 조정에서는 대대적인 소탕 작전을 벌였고, 임꺽정은 1562년 잡힌 지 보름 만에 처형되었어요. 그러나 그는 사회의 모순에 당당하게 맞선 의적이었어요.

대항해 시대 개막

새로운 시장과 식민지 개척이 절실했던 포르투갈과 에스파냐는 탐험가들에 대한 지원을 아끼지 않았어요. 그 결과 1488년 포르투갈의 바르톨로메우 디아스는 아프리카의 희망봉으로 가는 항로를 개척했고, 1498년 바스쿠 다가마는 인도 항로 발견에 성공했지요.

에스파냐 이사벨 여왕의 원조를 받은 콜럼버스는 1492년 10월 12일 서인도 제도에 도착했어요. 그는 아메리카를 인도로 착각해서 아메리카 원주민을 인디언이라고 불렀답니다. 1522년에는 마젤란의 함대가 3년 만에 세계 일주에 성공하여 지구가 둥글다는 사실을 증명했어요. 안타깝게도 마젤란은 1521년 필리핀에서 원주민에게 살해되었지만요.

종교 개혁

교황 레오 10세는 성 베드로 성당의 건립 자금을 모으려고 면벌부를 판매했고, 루터는 <95개조 반박문>으로 이를 비판했어요. 1517년에 발표된 이 반박문이 순식간에 유럽 전역으로 퍼져 나가면서 종교 개혁이 시작되었어요. 루터는 믿음과 성경을 강조했고, 칼뱅은 예정설과 근면 성실을 주장했어요. 특히 칼뱅은 가톨릭교회를 반박하기만 한 루터와는 달리 제네바에서 본격적으로 교회를 조직하고 신앙생활을 이끌었어요. 한편 영국의 왕 헨리 8세는 자신의 이혼 문제로 가톨릭교회와의 결별을 선언하고 영국 국왕을 영국 교회의 최고 수장으로 인정하는 수장령을 발포했어요. 이후 유럽은 구교파와 신교파의 갈등으로 혼란에 빠졌고, 아우크스부르크 화의에서 루터파를 인정하는 것으로 마무리되었어요. 그러나 칼뱅파는 인정받지 못했기에 분쟁의 불씨가 남았지요.

한국사

조선 시대

1583년 | 이이 십만양병설 건의 (선조) |

율곡 이이는 개혁안인 〈시무육조〉를 작성하여 선조에게 바쳤어요. 이 중 하나가 전란을 대비하여 십만의 병력을 키우자는 것이었는데, 실현되지는 못했어요.

1592년 | 임진왜란 발발 (선조) |

1608년 | 대동법 시행 (선조) |

지방 특산물로 공납할 때 발생했던 불이익과 폐해를 개선하기 위해 특산물을 쌀로 납부하는 대동법을 시행하였어요. 처음에는 경기도에서만 실시하다가 점차 전국으로 확대하였어요.

1613년 | 《동의보감》 간행 (광해군) |

1596년 동아시아 의학을 집대성하라는 선조의 명으로 허준, 양예수 등이 《동의보감》 편찬을 시작하였어요. 1610년 25권 25책으로 완성하였고, 1613년 훈련도감에서 간행하였어요.

1623년 | 인조반정 발생 (인조) |

명나라에 호의적이지 않은 광해군이 못마땅했던 김류, 이서, 김자겸 등의 서인이 주축이 되어 정변을 꾀했어요. 이들은 광해군을 몰아내고 조카인 능양군을 인조로 추대했지요.

~ AD 1896

| 일조편법 시행 (중국) | **1560년**

일조편법은 보리나 쌀로 바치던 토지세와 부역을 은으로 납부하게 한 제도예요. 멕시코에서 다량으로 유입된 은이 명나라의 주요 화폐로 유통되면서 시행되었지요.

| 그레고리력 제정 | **1582년**

| 낭트 칙령 선포 (프랑스) | **1598년**

| 청교도 혁명 발생 (영국) | **1642년**

1628년 의회의 권한을 정리한 〈권리청원〉을 강제로 승인한 찰스 1세는 다음 해에 의회를 해산하고는 독재 정치를 펼쳤어요. 왕에 대한 불만이 쌓인 의회는 11년 만에 소집한 회의에 협조하지 않고 무력 혁명을 일으켰어요. 청교도인 크롬웰이 이끈 의회파가 승리하여 공화정이 선포된 이 혁명을 청교도 혁명이라고 해요.

| 명 멸망 (중국) | **1644년**

명나라 말기 전국에서 일어난 반란 세력 중 가장 힘이 강했던 이자성은 1644년 2월 대순이라는 나라를 세웠어요. 20여 일 뒤 그가 베이징을 점령하고 자금성에 입성하자, 명의 마지막 황제인 숭정제는 자살하였고 이로써 명나라는 멸망했지요. 그러나 이자성은 왕조를 유지하지 못하고 만주족의 청나라에 나라를 내주고 말았답니다.

근세 95

더 알아보기!

왜란

1592년 4월 13일 왜군 병선 700여 척이 부산포를 공격했어요(임진왜란). 조선과 동맹을 맺어 명나라를 치려고 한 일본의 계획에 조선이 응하지 않자 쳐들어온 거예요. 여기에는 일본 내의 혼란을 대륙 침략으로 잠재우려는 의도도 한몫했지요. 4월 30일에는 선조가 피란길에 올랐고, 두 달 만에 전 국토가 왜군의 손아귀에 들어갔어요. 그러나 전라좌수사 이순신의 활약과 의병의 참여로 전세가 역전되기 시작했지요. 한산대첩, 진주대첩, 행주대첩 등에서 승리한 조선은 일본과 협상을 벌였으나 결렬되었고, 1597년에는 정유재란이 발생하였어요. 왜군은 1598년 8월 도요토미 히데요시가 사망한 후 철수하기 시작했으며, 이순신이 전사한 노량해전으로 7년간의 싸움이 끝이 났어요.

호란

1627년 만주에 본거지를 둔 후금이 인조반정의 부당성을 내세우며 침입해 왔어요(정묘호란). 조선과 명나라 사이를 떼어 놓는 것이 목적이었던 후금은 강화를 제의했고 조선은 이를 받아들였어요. 후금에 형제국의 예를 갖추고 명나라와는 외교 관계를 유지한다는 내용의 조약을 체결하였지요. 1636년에는 국호를 청으로 바꾼 후금이 다시 쳐들어왔어요(병자호란). 조선에 군신의 예를 요구하였으나 조선이 이를 거절했기 때문이에요. 미처 강화도로 피난 가지 못한 인조는 남한산성에서 청 태종에게 무릎을 꿇고 항복해야 했어요. 이후 조선은 명나라와의 관계를 완전히 끊고 청나라에 조공을 바쳤어요.

그레고리력

1582년 로마 교황 그레고리우스 13세는 기원전 45년부터 사용하고 있던 율리우스력을 고쳐 새로운 달력을 만들었어요. 그레고리력은 1년의 길이를 365.2425일로 정했고, 400년 동안 윤년을 100회 둔 율리우스력과 다르게 윤년을 97회로 설정하였어요. 또한 예수의 탄생을 기원후 1년으로 삼았지요. 오늘날 우리나라를 비롯하여 많은 나라에서 그레고리력을 사용하고 있답니다.

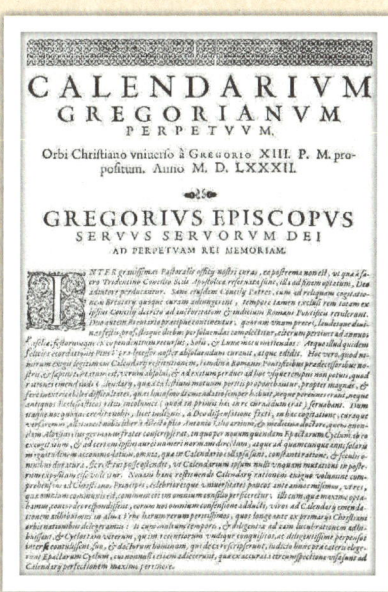

▲ 달력 개정을 위한 교황의 칙서

낭트 칙령

신교와 구교 사이의 대립이 한창일 때 왕이 된 앙리 4세는 종교 분쟁을 끝내려고 가톨릭으로 개종하였어요. 그런데도 대립이 멈추지 않자 낭트 칙령을 발포해 칼뱅파 신교도인 위그노에게 종교의 자유를 허용했어요. 이로써 36년간 계속된 위그노 전쟁이 마무리되었지만 종교 갈등은 사라지지 않았지요.

한국사

조선 시대

1653년 | 하멜 제주도 표착 (효종) |

일본으로 향하던 네덜란드 동인도회사 소속의 스페르베르호가 풍랑으로 제주도에 떠내려왔어요. 배에 타고 있던 36명은 13년 동안 조선에 억류되었다가 1666년 네덜란드로 돌아갔어요. 그중 하멜이 1668년 조선에서의 생활을 기록한 《하멜표류기》를 발간하였는데, 이는 서양인이 우리나라에 대해 기록한 최초의 책이에요.

1659년 | 제1차 예송 발생 (효종) |

효종이 죽자 계모인 자의대비의 복상 기간을 1년으로 할 것인지 3년으로 할 것인지를 두고 논쟁이 벌어졌어요. 이 논쟁은 《경국대전》 조문에 "장자와 차자가 죽었을 때 똑같이 1년상을 지내도록 한다"라는 규정을 근거로 삼아 복상 기간을 1년으로 하는 것으로 매듭지어졌어요.

1674년 | 제2차 예송 발생 (현종) |

1693년 | 안용복 울릉도·독도 수호 (숙종) |

동래 수군에서 근무한 안용복은 부산의 왜관을 드나들며 일본어를 익혔다고 해요. 그는 1697년 쓰시마 도주에게 울릉도와 독도가 조선의 영토임을 확인하는 서계와 일본 어민의 출입 금지를 약속받았어요. 그러나 조정에서는 민간 외교관인 그의 공로를 인정하지 않았지요.

세계사

~ AD 1896

| 베스트팔렌 조약 체결 | **1648년**

지금의 체코인 보헤미아 지방을 중심으로 신교 탄압이 이루어지자 구교와 신교는 무력 대결을 벌였어요. 여기에 에스파냐, 프랑스, 스웨덴, 네덜란드 등의 국가가 개입하여 독일 전역에서 30년 동안 종교 전쟁이 치러졌어요. 프랑스 재상 리슐리외의 주도로 체결된 베스트팔렌 조약으로 전쟁은 막을 내렸고, 칼뱅파가 인정받게 되었지요.

| 타지마할 묘당 완성 (인도) | **1649년**

| 〈항해조례〉 발포 (영국) | **1651년**

크롬웰 정부는 영국의 해운업 발전을 위해 영국이 수입하는 물품은 반드시 영국 선박으로 수송해야 한다는 내용의 〈항해조례〉를 발포했어요. 당시 유럽의 해상 무역을 주도하고 있던 네덜란드를 견제하기 위한 것이었지요. 이것이 원인이 되어 다음 해에 영국과 네덜란드 사이에 전쟁이 벌어졌고, 승리한 영국이 유럽 무역의 주도권을 가져왔어요.

| 명예혁명 발생 (영국) | **1688년**

| 네르친스크 조약 체결 (중국, 러시아) | **1689년**

근세

제2차 예송

효종의 비인 인선왕후가 죽자 다시 자의대비의 복상 기간이 문제가 되었어요. 제1차 예송 때 효종이 장자인지 차자인지를 정확하게 규정짓지 않아 다시 논쟁이 발생한 거예요. 논쟁의 주도권을 쥐고 있던 현종은 '왕은 보위에 오르면 장자'라는 주장을 받아들여 1년상으로 결정하였어요. 두 번의 예송 논쟁은 단순히 복상 기간이나 예법의 옳고 그름을 가리는 데 목적이 있었던 것이 아니에요. 왕과 왕족은 백성과는 다른 예법을 적용한다는 '왕자예부동사서(王者禮不同士庶)'에 대한 찬반 논쟁이었다고 할 수 있어요.

명예혁명

1688년 영국 의회는 가톨릭 부흥 정책을 추진한 제임스 2세를 폐위하고, 그의 딸인 메리 2세와 사위인 윌리엄 3세를 공동 왕으로 추대하였어요. 이때 전제 왕정이 입헌 군주제로 바뀌었는데, 피를 흘리지 않고 평화적으로 교체가 이루어졌다고 해서 명예혁명이라 불러요. 다음 해에는 왕의 정치는 법률에 종속한다는 내용의 〈권리장전〉이 승인되어 의회 정치가 확립되는 계기가 마련되었어요.

▲ 메리 2세와 윌리엄 3세가 새겨진 금화

▲ 인도 아그라에 있는 타지마할 묘당

타지마할 묘당

오늘날 인도를 상징하는 건축물인 타지마할은 무굴 제국의 황제 샤자한이 죽은 아내를 위해 만든 무덤이에요. 그가 가장 사랑한 왕비 뭄타즈 마할은 아이를 낳다가 젊은 나이에 세상을 떠났어요. 그녀를 위해 세상에서 가장 아름다운 무덤을 지어 준 샤자한은 죽은 뒤 타지마할 묘당의 뭄타즈 마할 옆에 묻혔어요. 22년에 걸쳐 완공된 타지마할은 건물 가운데의 돔을 중심으로 좌우가 대칭을 이루고 있어요. 겉면은 흰 대리석으로, 내부는 옥·수정·진주·다이아몬드 같은 보석으로 장식되어 화려하고 아름다워요. 타지마할 묘당은 1983년 유네스코 세계 문화유산으로 등재되었어요.

네르친스크 조약

17세기에 들어 러시아는 시베리아에 진출하기 시작했어요. 17세기 중엽에는 러시아의 세력이 헤이룽강 방면까지 확대되어 중국과 자주 충돌하였지요. 이를 해결하기 위해 1689년 두 나라의 경계를 스타노보이산맥과 아르군강으로 정하는 내용의 네르친스크 조약을 체결하였어요. 이 조약은 청나라가 유럽의 나라와 대등하게 체결한 최초의 조약이에요.

한국사

조선 시대

1712년 | 백두산정계비 설치 (숙종) |

조선과 청나라 사이의 국경 문제를 해결하기 위해 청나라의 목극등과 조선의 이의복, 조태상 등이 백두산에서 만나 정계비를 세웠어요. 비문에 적힌 '토문강'에 대한 해석의 차이로 19세기 말 조선과 청나라 사이에 다시 분쟁이 일어나기도 했지요.

1750년 | 균역법 시행 (영조) |

양인 장정이 군대에 가지 않는 대신 내는 세금인 군포를 1인당 1포로 균등하게 정한 균역법이 시행되었어요. 이때 양인은 천민인 노비를 제외한 양반, 중인, 상민을 말해요.

1762년 | 임오화변 발생 (영조) |

1776년 | 규장각 설치 (정조) |

정조는 즉위와 동시에 왕실 도서관인 규장각을 설치하였어요. 규장각은 역대 왕의 글을 보관하고 관리하는 기능뿐만 아니라 개혁 정책을 결정하는 기능도 수행하였지요.

1785년 | 《대전통편》 간행 (정조) |

성종 때의 《경국대전》을 보완하여 영조 때 《속대전》이 편찬되었고, 이 둘을 수정하여 최종적으로 《대전통편》을 간행하였어요.

1796년 | 수원 화성 완공 (정조) |

~ AD 1896

| 하노버 왕조 수립 (영국) | **1714년**

스튜어트 왕조의 앤 여왕이 후계자 없이 사망하자, 1701년에 제정한 왕위계승법에 따라 독일 하노버 가문의 조지 1세가 영국의 왕으로 추대되었어요. 독일에서 나고 자란 그는 영어를 전혀 할 줄 몰라 정치를 대신과 의회에 맡겼고, 이로 인해 내각책임제가 싹트게 되었어요.

| 플라시 전투 발생 (인도, 영국) | **1757년**

1757년 6월 벵골의 플라시에서 영국군과 벵골-프랑스 연합군이 전투를 벌였어요. 승리한 영국은 인도 정복의 발판을 마련했지요.

| 와트 증기기관 개량 (영국) | **1769년**

제임스 와트는 효율성이 떨어지는 뉴커먼의 대기압 기관을 개선하여 새로운 증기기관을 만들었어요. 그는 말 스무 마리가 끄는 힘을 낼 수 있는 이 증기기관으로 1769년에 특허를 받았지요.

| 독립 전쟁 시작 (미국) | **1775년**

| 대혁명 시작 (프랑스) | **1789년**

| 미터법 채택 (프랑스) | **1799년**

혁명정부는 샤를 탈레랑이 제안한 미터법을 도량형 단위법으로 통일하였어요. 1875년 미터법은 국제 도량형의 표준이 되었어요.

근세 **103**

임오화변

김한구와 윤급 등은 사도세자의 장인인 홍봉한 일파를 몰아내고 세자를 폐위하고자 음모를 꾸몄어요. 윤급의 종인 나경언을 시켜 영조에게 세자의 잘못 10가지를 고하게 했지요. 평소 사도세자를 불신했던 영조는 그에게 자결을 명했어요. 사도세자가 이를 듣지 않자 영조는 직접 세자를 뒤주에 가두고 아무도 꺼내 주지 못하게 하였어요. 결국 사도세자는 8일 만에 굶어 죽었고, 영조는 애도한다는 뜻의 '사도'라는 시호를 내렸지요.

수원 화성

왕위에 오른 정조는 아버지 사도세자를 장헌세자로 추존하고 동대문에 있던 무덤을 수원으로 옮겼어요. 그 부근에 화성을 짓기 시작하여 2년 8개월 만에 완공하였지요. 김홍도를 비롯하여 채제공, 정약용 등 최고의 지식인이 참여한 화성 건설에는 무거운 물체를 드는 기구인 거중기와 도르래가 사용되었고 목재와 벽돌이 이용되었어요. 정조는 군사 기능과 생활 기능이 공존하고 전통과 최신 성곽 건축 기법이 어우러진 화성에 행차할 때면 백성과 직접 소통하곤 했대요. 화성은 1997년 유네스코 세계 문화유산에 등재되었답니다.

▲ 대한민국 사적 제3호 수원 화성

미국 독립

영국이 동인도회사에 미국 내에서의 차 판매 독점권을 부여하자 보스턴의 차 상인과 시민들의 불만이 폭발하여 1773년 보스턴 차 사건이 일어났어요. 이후 갈등이 깊어져 1774년에는 13개 식민지 대표가 필라델피아에 모여 대륙회의를 개최했어요. 1775년 4월 19일에는 렉싱턴에서 영국군과 식민지 독립군이 처음으로 충돌하였고요. 조지 워싱턴을 사령관으로 하여 본격적인 독립 전쟁을 벌인 미국은 프랑스의 참전으로 힘을 얻어 1776년 7월 4일 독립을 선언하였어요. 결국 1783년 영국과 미국이 맺은 파리 조약으로 8년간의 전쟁이 막을 내렸고 미국은 완전히 독립하였지요. 이로써 시민 대표가 정치하는 미합중국이 탄생하였답니다.

프랑스 대혁명

정치·경제·사회 전반에 걸쳐 불합리한 상태인 구체제의 모순이 팽배한 상황에서 재정 악화 해결을 위해 삼부회가 소집되었어요. 나라 재정을 담당하고 있는데 들러리가 되어버린 제3신분은 삼부회를 박차고 나와 국민의회를 만들었지요. 정부가 국민의회를 해산시킨다는 소식에 분노한 시민들은 1789년 7월 14일 바스티유 감옥을 습격했어요. 치열한 전투 끝에 감옥을 함락하였고 '자유·평등·박애'의 이념을 내건 프랑스 혁명이 시작되었어요. 8월 26일에는 〈인권선언〉이 선포되었고, 자유롭고 평등한 사회를 만들기 위한 혁명은 1799년까지 이어졌지요.

한국사

조선 시대

1801년 | 신유박해 (순조) |

순조 즉위 후 수렴청정하던 정순왕후는 서학(가톨릭)을 엄격히 금지하고 천주교도를 붙잡아 처형했어요. 이승훈, 이가환, 정약종 등 100여 명이 죽고 정약용 등 400여 명이 유배를 떠났지요. 이후로도 정치적 목적과 맞물려 기해박해(1839년), 병오박해(1846년), 병인박해(1866년) 등 천주교 박해가 몇 차례 더 발생하였어요.

1805년 | 세도 정치 시작 (순조) |

1811년 | 홍경래의 난 발생 (순조) |

세도 정치로 지배층의 수탈과 지방 차별이 심해지자, 평안도에서 홍경래가 봉기하였어요. 봉기군은 청천강에서 의주에 이르는 지역을 장악하였으나 4개월 만에 진압되었어요.

1818년 | 정약용《목민심서》완성 (순조) |

강진에서 유배 중이던 정약용이 지방 행정을 쇄신하고자 지방관의 도리를 정리한 《목민심서》를 완성하였어요.

1861년 | 김정호〈대동여지도〉완성 (철종) |

지리학자인 김정호는 전국 방방곡곡을 다니며 실측하여 22첩으로 된 〈대동여지도〉를 만들었어요.

1862년 | 임술민란 발생 (철종) |

세계사

~ AD 1896

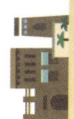

| 나폴레옹 1세 즉위 (프랑스) | **1804년**

이집트에서 귀국해 쿠데타로 통령정부를 세운 나폴레옹은 1804년 교황 비오 7세 앞에서 자신이 직접 황제관을 쓰며 나폴레옹 1세로 즉위했어요. 이때부터 그가 몰락한 1814년까지를 제1 제정이라 해요.

| 먼로주의 선언 (미국) | **1823년**

12월 3일 미국의 먼로 대통령은 유럽에 대한 미국의 불간섭과 아메리카 대륙에 대한 유럽의 불간섭을 주요 내용으로 하는 고립주의 외교 방침인 먼로주의를 선언했어요.

| 7월 혁명 발생 (프랑스) | **1830년**

| 1차 아편 전쟁 발발 (영국, 중국) | **1840년**

| 세포이 항쟁 발생 (인도) | **1857년**

동인도회사에 고용된 인도인 용병 세포이가 영국의 인도인 차별과 식민지 수탈에 분노하여 반란을 일으켰어요. 항쟁은 2년 만에 진압되었으나 인도인들 사이에 통일된 민족의식이 자리 잡게 되었어요.

| 남북 전쟁 발발 (미국) | **1861년**

노예 해방과 연방 존속 문제를 둘러싸고 갈등을 빚던 남부와 북부는 4월 12일 무력으로 충돌했어요. 4년 동안 계속된 남북 전쟁은 북부의 승리로 끝이 났고 노예제는 폐지되었어요.

세도 정치

세도 정치란 임금에게 권한을 위임받은 사람이 세상의 도리인 세도(世道)를 주도하여 실현하는 정치를 말해요. 그러나 조선 후기의 세도 정치는 세도의 책임을 맡은 사람 마음대로 권력을 휘두르는 양상을 보였어요. 1805년 정순왕후 사후 정권을 잡은 순조의 장인 김조순을 시작으로 헌종·철종 때까지 왕의 외척에 의한 세도 정치가 이루어졌어요. 60여 년 동안 안동 김씨와 풍양 조씨가 번갈아 가며 정권을 장악하였지요. 세도 정치는 1863년 고종이 즉위하면서 막을 내렸어요.

임술민란

삼정(전정, 군정, 환곡)의 문란을 참다못한 백성들이 난을 일으켰어요. 민란은 진주에서 시작되어 전국 70여 개 고을로 확대되었어요. 백성들은 먼저 관아에 청원서를 제출하였고, 이것이 받아들여지지 않으면 조세 담당 관리나 관아를 습격하거나 사대부의 집을 공격하였어요. 조정에서는 사태의 심각성을 깨닫고 삼정이정청을 설치하여 문제를 해결하려 하였어요. 그러나 1862년 말 민란이 소강상태에 접어들자 삼정이정청이 내놓은 대책도 흐지부지되고 말았지요.

7월 혁명 & 2월 혁명

나폴레옹의 몰락 후 수립된 빈 체제에 따라 샤를 10세가 프랑스의 왕이 되었어요. 그는 의회를 강제로 해산하고 언론과 출판의 자유를 빼앗아 버렸어요. 이에 파리 사람들은 샤를 10세를 내쫓고 루이 필리프를 새 왕으로 추대했지요. 1830년 7월 사흘간 벌어진 이

혁명을 7월 혁명이라고 해요. 그러나 루이 필리프도 보수 정치를 펼쳐 노동자의 처우를 개선하는 데 소극적이었어요. 결국 노동자들의 불만이 1848년 2월 혁명으로 폭발했지요. 루이 필리프는 영국으로 망명했고 프랑스는 공화국이 되었어요.

아편 전쟁

영국의 아편 밀수출에 반발한 청나라가 아편을 몰수하자 영국이 쳐들어왔어요. 청나라의 단속이 부당하다는 이유에서였지요. 압도적으로 우월한 군사력을 가진 영국은 손쉽게 승리하였어요. 청나라는 홍콩을 영국에 할양하고 5개의 항구를 강제로 개항하는 등 불평등한 난징 조약을 맺을 수밖에 없었지요. 1856년에는 청나라 관리가 애로호에 게양된 영국 국기를 하강한 일을 빌미로 또다시 영국이 쳐들어왔어요. 이번에는 자국 국기를 모독했다는 것이 공격의 이유였지요. 이 전쟁에서도 패한 청나라는 톈진 조약(1858년)과 베이징 조약(1860년)을 체결하여 영국을 비롯한 유럽 열강의 요구를 들어줘야만 했어요.

한국사

조선 시대

1863년 | 흥선대원군 집권 (고종) |

철종이 후계자 없이 죽자 영조의 고손자 이하응의 둘째 아들 명복이 왕이 되었어요. 흥선대원군으로 봉해진 이하응은 12세의 고종을 대신하여 조정을 이끌어 갔어요.

1866년 | 병인양요 발생 (고종) |

1876년 | 강화도 조약 체결 (고종) |

1875년 5월 일본이 군함 운요호를 보내 강화 해협을 불법으로 침입한 뒤 조선군과 전투를 벌였어요. 전투에서 패배한 조선은 일본의 강압에 의해 불평등한 12개 조항의 조일수호조규(강화도 조약)를 맺었어요.

1882년 | 임오군란 발생 (고종) |

13개월 만에 겨와 모래가 섞인 쌀을 급료로 받은 구식 군인들이 개화에 반대하며 봉기하였어요. 이때 일본공사관을 습격한 것이 문제가 되어 일본과 제물포 조약을 맺어야만 했어요.

1884년 | 갑신정변 발생 (고종) |

1894년 | 갑오농민운동 발생 (고종) |

1895년 | 명성황후 시해 사건 발생 (고종) |

~ AD 1896

| 메이지 유신 단행 (일본) | 1868년

에도 바쿠후의 마지막 쇼군인 도쿠가와 요시노부는 1867년 국가 통치권을 천황에게 반환했어요. 이후 일본은 메이지 유신을 단행하여 서구 근대 국가를 모델로 한 개혁에 착수했고, 아시아에서 유일하게 근대화 개혁에 성공한 나라가 되었어요.

| 수에즈 운하 개통 (이집트) | 1869년

11월 17일 이집트에서 지중해와 홍해를 잇는 세계 최대의 해양 운하인 수에즈 운하가 개통되었어요. 이로써 유럽에서 인도에 이르는 항로가 1만 킬로미터나 줄었고 항해 시간도 훨씬 단축되었지요.

| 통일 제국 수립 (독일) | 1871년

| 인도국민회의 결성 (인도) | 1885년

12월 28일 영국에 호의적인 인도의 지식인들을 중심으로 인도국민회의가 탄생했어요. 이 회의는 식민 통치에 대한 불만 종식을 위해 영국이 주도하여 결성하였지만, 1905년 영국의 벵골 분할령 발표 이후 반영 민족운동의 중심 역할을 하였지요.

| 최초로 여성 참정권 도입 (뉴질랜드) | 1893년

| 제1회 국제올림픽 개최 (그리스) | 1896년

더 알아보기!

양요

'양요'란 조선 말기 서양 사람들이 일으킨 난리를 이르는 말이에요. 1866년 흥선대원군이 천주교도를 탄압하자 프랑스가 쳐들어왔어요. 1846년과 1847년에 조선을 침략했다가 실패했던 프랑스는 프랑스 신부 처형에 관한 배상과 통상 조약 체결을 요구하였지요. 2개월간 강화도 일대에서 치러진 전투에서 조선이 승리한 이 전쟁을 병인양요라고 해요. 1871년에는 미국 군함이 1866년에 일어난 제너럴셔먼호 사건을 빌미로 배상금 지급과 통상 조약 체결을 요구하며 강화도에 침입하였어요. 전투에서 패배한 조선이 강경하게 통상을 거부하자 미국은 어쩔 수 없이 포기하고 물러갔어요. 이를 신미양요라고 한답니다. 두 번의 양요 이후 흥선대원군은 전국에 척화비를 세우고 통상 수교 거부 정책을 더욱 강화하였어요.

▲ 중앙박물관에 전시된 경복궁 척화비

갑신정변

1884년 10월 17일 김옥균, 박영효, 서재필 등의 개화파가 갑신정변을 일으켰어요. 이들은 일본의 도움을 받아 임오군란 이후 조선에 대한 간섭을 확대한 청나라의 간섭에서 벗어나 혁신 정부를 세우려 했어요. 개혁의 걸림돌이 되었던 한규직 등을 암살한 개화파는 새 정부를 수립하고 14개의 정강을 발표했어요. 그러나 수구파와 청나라의 반격으로 정변은 사흘 만에 실패하였고, 개화파는 일본으로 망명하였어요.

갑오농민운동

1894년 1월 전라도 고부의 동학 지도자인 전봉준은 동학도와 농민들을 이끌고 고부 관아를 점령했어요. 고부 군수 조병갑의 폭정을 견디다 못해 봉기한 것이었지요. 이후 3월에는 지금의 고창인 무장에서 봉기하였고 4월에는 전주성을 점령했어요. 다급해진 조정은 청군을 한반도로 끌어들였어요. 일본도 톈진 조약을 내세워 조선 땅에 진출하였지요. 5월 7일 조정과 농민군 사이에 전주 화약이 체결되면서 봉기는 일단락되었어요. 그런데도 일본군은 조선에서 철수하지 않았어요. 이에 동학도와 농민들이 일본군을 몰아내려고 다시 뭉쳤지만, 일본의 강력한 무력 앞에서는 속수무책이었어요. 비록 실패로 끝났지만 갑오농민운동의 정신은 남아 항일 의병항쟁과 3·1 독립운동으로 이어졌답니다.

▲ 전주 한옥마을에 있는 동학혁명기념관

명성황후 시해 사건

1895년 10월 8일 일본 공사 미우라 고로의 주도로 일본 자객들이 경복궁을 습격하였어요. 이들은 명성황후를 살해하고 시신을 불태웠어요. 명성황후를 중심으로 친러 내각이 구성되어 일본을 견제하자 이 같은 만행을 저지른 거예요. 이후 들어선 친일 내각은 단발령과 연호 사용, 군제 개편 등의 개혁을 추진하였으나 백성들의 반발만 샀을 뿐이었어요. 결국 삼남 지방을 중심으로 친일 내각 퇴진과 일본군 축출을 목표로 한 의병운동이 일어났지요. 전국으로 확산된 을미의병은 1896년 여름 대부분 해산하였어요.

독일 통일 제국

1870년 프랑스와의 전쟁에서 승리한 프로이센은 재상 비스마르크의 지도 아래 독일 통일을 이루었어요. 1871년 1월 독일의 여러 군주는 베르사유 궁전에 모여 프로이센의 빌헬름 1세를 독일 제국의 황제로 추대하였어요. 이로써 22개 군주국과 3개의 자유 도시로 구성된 독일 제국이 탄생하였지요. 독일 제국의 재상이 된 비스마르크는 보호무역 강화와 철도·공장 등 국가 기반 시설 건설에 힘썼어요. 또한 세계 최초로 사회 보장 제도를 시행하였지요. 이는 훗날 복지 국가 형성에 큰 영향을 미쳤답니다.

▲ 베르사유 궁전에서의 독일 제국 선포식

여성 참정권

1893년 뉴질랜드에서는 세계 최초로 여성의 참정권을 인정하였어요. 그동안 인류 역사에서 정치는 남성, 그중에서도 백인 남성의 전유물이었어요. 그렇기에 여성도 남성처럼 선거에서 투표할 수 있는 권리를 부여하라는 요구가 지속해서 이어졌지요. 마침내 9월 19일 뉴질랜드 의회에서 여성 선거권 법안이 통과되었고, 같은 해 11월 23일에 여성이 참가한 첫 번째 총선거가 시행되었어요. 이후 1902년에는 오스트레일리아에서, 1906년에는 핀란드에서, 1913년에는 노르웨이에서 여성 참정권을 인정하였어요. 우리나라에서는 1948년 대한민국 정부 출범과 동시에 주어졌고요.

근대 올림픽

1896년 4월 6일부터 15일까지 그리스의 아테네에서 제1회 근대 올림픽 대회가 개최되었어요. 프랑스의 남작 쿠베르탱이 393년 이후 중단된 고대 올림픽 경기를 약 1,500년 만에 부활시킨 것이에요. 14개국 245명의 선수가 참가한 제1회 대회에는 여자 선수는 참가할 수 없었다고 해요. 이후 스포츠 교류를 통한 평화 유지가 목적인 올림픽은 4년마다 개최되고 있지요. 2021년에는 코로나19 팬데믹으로 인해 5년 만에 일본에서 제32회 올림픽 대회가 개최되었어요.

▲ 그리스 아테네의 파나티네코 경기장에서 열린 제1회 근대 올림픽 대회의 개막식

알고 나면 더 재미있는 TIP

우리나라에 조선이 존속했던 1392년부터 1896년까지 중국에서는 한족의 명나라가 멸망하고 만주족의 청나라가 들어섰어요. 유럽에서는 대항해와 르네상스, 종교 개혁, 산업 혁명이 일어났고, 각국은 절대 왕정 시대를 거쳐 근대 국가로 발돋움하고 있었어요. 영국은 입헌 군주국이 되었으며, 프랑스는 공화국이 되었고, 이탈리아와 독일은 통일 제국을 수립했지요. 미국은 영국으로부터 독립하여 새 나라를 세웠고, 일본에서는 바쿠후 시대가 막을 내리고 메이지 천황의 치세가 되었어요. 인도와 동남아시아, 라틴아메리카, 아프리카는 서구 열강의 침략에 몸살을 앓고 있었고요. 정치적으로 이러한 변화를 겪은 500여 년 동안 어떤 과학자들이 등장하였을까요? 지금부터 알아보도록 해요. 그런데 이 과학자들은 공통점이 있답니다. 무엇인지 맞혀 보세요.

뉴턴

현대 과학의 아버지로 불리는 아이작 뉴턴은 영국의 수학자이자 물리학자예요. 그는 1665년에 미분학을, 다음 해에는 적분학을 개발하였어요. 미적분은 뉴턴이 역학을 연구하는 과정에서 만들어졌다고 해요. 그는 만유인력의 법칙과 물체의 운동에 관한 여러 법칙을 발견하는 등 수많은 업적을 남겼어요. 1687년에는 역학, 수학, 물리학 등 그동안 연구한 내용을 집대성한 《프린키피아》를 출간하였어요. 자연을 일정한 법칙에 따라 운동하는 복잡하고 거대한 기계로 본 그의 자연관은 과학뿐만 아니라 18세기 계몽사상에도 영향을 주었어요.

제너

1796년 영국의 의사인 에드워드 제너는 천연두 예방을 위한 종두법 개발에 성공하였어요. 18세기에 유행한 천연두는 사망률이 높은 질병이었어요. 혹 회복이 된다 해도 흉터가 남곤 했지요. 제너는 천연두에 걸린 소의 면역 물질을 백신으로 사용하였어요. 천연두에 걸린 사람의 면역 물질보다 안전했기 때문이에요. 종두법은 백신의 효시가 되었고, 우리나라에서는 1879년 지석영이 최초로 종두법을 실시하였어요. 제너가 백신을 개발하고 200여 년 후에 천연두는 지구상에서 완전히 사라졌어요.

다윈

영국의 생물학자인 찰스 다윈은 '모든 생물은 공동 조상에서 유래하였지만, 세대에 따라 변화하고 발전하기 때문에 생물계에는 다양성이 생긴다'라는 진화론을 주장하였어요. 이때 인위적으로 이루어진 선택적 교배와 비슷한 현상인 '자연 선택'이 생존경쟁을 거쳐 이루어진다는 과학적 근거도 제시했지요. 그의 저서 《종의 기원》은 그리스도교의 창조론을 전면적으로 부정하였으나 엄청난 인기를 끌었어요. '적자생존'이나 '진화'의 개념이 산업 혁명으로 인해 부익부 빈익빈이 심해지는 사회 현상과 맞아떨어졌기 때문이에요.

대한제국 시대

1897년 | 대한제국 수립 (고종) |

1905년 | 을사늑약 체결 (고종) |

1905년 11월 17일 일본은 한국의 외교권을 빼앗기 위하여 강제적으로 제2차 한일 협약을 체결하였어요.

1907년 | 헤이그 밀사 파견 (고종) |

고종은 을사늑약의 무효를 주장하기 위해 헤이그에서 열린 만국평화회의에 이준, 이상설, 이위종을 특사로 파견했어요. 이 일을 빌미로 일본은 고종을 폐위하고, 제3차 한일 협약을 맺어 행정권과 사법권까지 장악하였어요.

1909년 | 이토 히로부미 암살 (순종) |

10월 26일 안중근은 만주 하얼빈역에서 조선총독부 통감인 이토 히로부미를 사살했어요. 체포된 그는 다음 해 3월 26일 뤼순 감옥에서 순국했어요.

1910년 | 일제 강점 시작 |

8월 29일 한일병합조약이 발표되고 대한제국은 일본의 식민지가 되었어요.

1919년 | 3·1 운동 발생 |

세계사

~ AD 1919

| 의화단 운동 발생 (중국) | 1899년

반(反)외세, 반(反)그리스도교를 표방한 의화단이 서양 세력을 물리치려고 '부청멸양(扶淸滅洋)'을 외치며 봉기하였으나, 영국·러시아·일본 등 8개국 연합군에 의해 진압되었고 청나라는 반(半)식민지 상태가 되었어요.

| 노벨상 제정 (스웨덴) | 1901년

다이너마이트를 개발하여 엄청난 부를 축적한 알프레드 노벨은 자기 재산을 인류 복지에 공헌한 사람에게 나누어 주라는 유언을 남겼어요. 이에 따라 물리학·화학·생리학/의학·문학·평화·경제학 부문의 노벨상 시상을 시작하였어요.

| 청 멸망 (중국) | 1912년

청나라 정부가 재정난 해결을 위해 철도 국유화를 선포하자, 1911년 10월 10일 후베이성 우한에서 쑨원을 중심으로 이에 저항하는 혁명이 시작되었어요. 이 신해혁명에 15개 성이 참여하였고, 1912년 1월에는 난징을 수도로 중화민국을 수립하였어요. 2월 12일 위안스카이가 청나라 마지막 황제인 선통제를 폐위시킴으로써 청나라는 역사의 뒤안길로 사라졌답니다.

| 제1차 세계대전 발발 | 1914년

| 10월 혁명 발생 (러시아) | 1917년

더 알아보기!

대한제국

1897년 10월 12일 조선의 국명을 대한제국으로 바꾼 고종은 황제가 되어 광무라는 새 연호를 사용하였어요. 고종은 러시아 공사관으로 몸을 피한 아관파천을 끝내고 환궁한 후 내각제를 폐지하고 의정부 제도를 부활하는 등 약해진 왕권을 강화하는 데 힘썼지요. 대한제국 선포 역시 왕권을 강화하고 나라의 위기를 극복하고자 시행한 거예요. 대한제국은 일본의 식민지가 된 1910년까지 13년간 존속했어요.

▲ 대한제국 고종 황제

3·1 운동

1919년 2월 8일 일본 도쿄에서 조선인 유학생들이 독립을 선언하였어요. 〈2·8 독립선언서〉를 통해 대한제국의 독립 의지를 전 세계에 알리려 한 것이지요. 3월 1일에는 한반도에서 독립운동이 일어났어요. 지금의 서울인 경성의 태화관에서 〈독립선언서〉가 발표되고 만세 운동이 시작되었지요. "대한 독립 만세!!" 소리는 전국으로 퍼져 나갔고, 일본은 군대와 경찰을 동원하여 진압하였어요. 이 운동으로 인해 일본은 무단통치를 문화통치로 바꾸었고, 상하이에 대한민국 임시정부가 수립되었어요. 한편 3·1 운동이 기폭제 역할을 하여 중국의 5·4 운동이나 인도의 비폭력·불복종 운동 등 여러 아시아 국가에서도 민족해방 운동이 일어났어요.

제1차 세계대전

1914년 6월 28일 보스니아의 사라예보를 방문한 오스트리아-헝가리 제국의 황태자 부부가 세르비아 청년에게 암살당했어요. 그런데 세르비아가 관련자에 대한 수사와 처벌에 소극적인 모습을 보이자 7월 28일 오스트리아-헝가리 제국은 전쟁을 선포하였어요. 이렇게 시작된 제1차 세계대전은 세르비아를 지원한 러시아·영국·프랑스 등의 연합국과 오스트리아-헝가리 제국·독일 등의 동맹국 간 전쟁으로 확대되었어요. 1918년 11월 11일 독일이 항복하면서 제1차 세계대전은 연합국의 승리로 막을 내렸어요.

러시아 혁명

제1차 세계대전 참전 이후 러시아의 상황은 악화 일로를 걷고 있었고, 1917년 견디다 못한 병사와 노동자들이 지금의 상트페테르부르크인 수도 페트로그라드에서 대규모 봉기를 일으켰어요(2월 혁명). 니콜라이 2세는 폐위되었고 임시정부가 들어섰지요. 그런데 임시정부는 입헌군주제를 지지하여 사회주의 국가 건설을 바라던 레닌과 볼셰비키의 공격을 받았어요(10월 혁명). 결국 10월 24일 레닌을 의장으로 한 새 정부가 수립되었고, 1922년 12월 30일에는 소비에트 사회주의 공화국 연방이 결성되었지요.

▲ 블라디미르 레닌

알고 나면 더 재미있는 Tip

우리나라에 대한제국이 존속했고 대한민국 임시정부가 수립된 1897년부터 1919년까지 중국에서는 청나라가 멸망하고 공화국인 중화민국이 수립되었어요. 유럽에서는 제1차 세계대전이 발발하였고 러시아에는 세계 최초의 공산국가가 세워졌지요. 정치·경제·군사적인 측면에서 미국의 시대가 개막되었고 국제연맹이 결성되었어요. 짧지만 많은 사건과 사고를 겪은 이 시기에는 어떠한 미술 작가가 등장하였을까요? 지금부터 알아보도록 해요.

로댕

현대 조각의 시조로 불리는 프랑스의 조각가 오귀스트 로댕

▲ 생각하는 사람

은 1904년 살롱에 〈생각하는 사람〉을 출품했어요. 1888년 독립된 작품으로 완성하여 발표한 〈생각하는 사람〉은 〈지옥의 문〉이라는 작품의 일부예요. 제목도 〈생각하는 사람〉이 아니라 〈시인〉이었고요. 〈지옥의 문〉은 새로 건립될 프랑스 미술관의 정문에 장식할 조각품으로, 단테의 《신곡》을 주제로 삼았다고 해요. 17년 동안이나 제작에 매달렸는데 안타깝게도 완성하지는 못했어요. 이 밖에도 그는 〈청동 시대〉, 〈칼레의 시민〉 등을 남겼답니다.

피카소

1907년 에스파냐의 미술 작가인 파블로 피카소가 〈아비뇽의 처녀들〉을 완성하였어요. 말을 제대로 하기 전부터 그림을 그렸다는 그는 회화, 조각, 소묘, 판화, 도예 등 현대 미술 최고의 거장이랍니다. 피카소는 〈아비뇽의 처녀들〉에서 인물의 눈은 정면으로, 코는 측면으로 그리는 등 복수 시점을 한 평면에 표현하는 기법을 시도하였어요. 사물을 바라보는 획기적인 시각을 제시했다고 평가받은 이 기법은 입체파 형성에 중요한 역할을 하였지요. 〈아비뇽의 처녀들〉은 현재 뉴욕 현대미술관에 소장되어 있어요.

칸딘스키

러시아에서 태어났지만 주로 독일에서 활동한 바실리 칸딘스키는 1911년 〈콤퍼지션 5〉를 완성하였어요. 칸딘스키 회화의 특징인 자유분방한 색과 선의 움직임을 완벽하게 보여 주는 이 그림으로 그는 최초로 완전한 추상화를 그린 화가로 평가받았어요. 〈최후의 심판〉이라고도 불리는 〈콤퍼지션 5〉는 가로가 190㎝, 세로가 275㎝나 되는 엄청난 크기여서 전시가 거절되기도 했대요. 지금은 뉴욕 맨해튼에 있는 노이에 갤러리에 소장되어 있어요.

▶ 콤퍼지션 5

대한민국 시대

1920년 | 봉오동 전투, 청산리 전투 승리 |

홍범도 장군이 이끄는 대한독립군은 1920년 6월과 7월에 봉오동에서, 김좌진 장군이 이끄는 북로군정서는 10월 청산리에서 일본군과 싸워 승리하였어요. 청산리 전투에서는 대한독립군도 힘을 합쳤답니다. 패배한 일본은 경신대참변을 일으켜 수많은 한국인을 학살했어요.

1922년 | 어린이날 선포 |

방정환과 김기전을 중심으로 한 천도교 소년회가 5월 1일을 어린이날로 선포하였어요. 처음으로 '어린이'라는 호칭을 사용한 방정환은 최초의 아동용 잡지인 《어린이》도 창간하였지요.

1926년 | 6·10 만세 운동 발생 |

순종의 장례일인 6월 10일에 3·1 운동 이후 최대 규모의 만세 운동이 벌어졌어요. 일본은 군대를 동원해 이를 진압하였지만, 학생들이 주도한 6·10 만세 운동은 침체된 민족 운동에 새로운 활기를 불어넣어 주었어요.

1928년 | 한글날 제정 |

1929년 | 광주 학생 항일 운동 발생 |

세계사

~ AD 2019

| 국제연맹 출범 |　1920년

미국 윌슨 대통령이 제창한 '평화를 위한 14개 조항'을 수용하여 1월 16일에 국제평화기구인 국제연맹이 출범하였어요. 국제연맹은 세계 평화 유지와 협력 촉진을 위해 활동하였지만, 제2차 세계대전의 발발을 막지는 못하였어요. 결국 1946년에 해체되었지요.

| 오스만 제국 멸망 (터키) |　1923년

| 제1차 국공합작 (중국) |　1924년

1921년 마오쩌둥, 천두슈 등을 중심으로 창당한 중국 공산당과 쑨원이 이끄는 국민당이 북벌과 서구 열강에 맞서기 위해 손을 잡았어요. 그러나 쑨원이 죽자 대립과 갈등이 심해졌고, 1927년 장제스의 정변으로 국공합작은 깨지고 말았어요.

| 텔레비전 발명 (영국) |　1926년

영국의 존 베어드는 구멍이 뚫린 원반을 이용한 기계식 텔레비전인 '텔레바이저(televisor)'를 선보였어요. 이는 독일의 파울 닙코가 개발한 단거리 사진 전송이 가능한 스캐닝 디스크를 보완·발전시킨 것이었지요.

| 세계 대공황 시작 |　1929년

더 알아보기!

한글날

조선어연구회는 1926년 11월 4일에 매년 음력 9월 29일을 '가갸날'로 기념하기로 정했어요. 일제 치하에 살고 있지만 한글의 우수성을 널리 알리고 훈민정음을 반포한 세종대왕의 뜻을 기리기 위해서였지요. 1928년에는 국어학자인 주시경이 1906년에 제안했던 '한글'이라는 이름을 붙여서 명칭을 '한글날'로 바꾸었고, 1934년부터 1945년까지는 음력 9월 29일을 양력으로 환산한 10월 28일에 행사를 거행하였어요. 1946년에는 《훈민정음》 원본에 명시된 반포일인 음력 9월 10일을 양력으로 환산한 10월 9일을 한글날로 확정하였고 지금까지 해마다 기리고 있어요.

▲ 주시경

광주 학생 항일 운동

1929년 10월 30일 전남 나주에서 광주로 통학하는 일본인 학생과 조선인 학생 사이에 분쟁이 생겼어요. 일본인 남학생들이 조선인 여학생을 희롱한 것이 분쟁의 발단이 된 이 사건은 일본 경찰이 일본인 학생들의 편을 들면서 11월 3일 대규모 시위로 이어졌어요. 광주뿐만 아니라 경성, 개성, 평양 등 전국적인 학생 운동으로 확산되어 약 5개월간 지속되었지요. 이를 기리기 위해 11월 3일을 '학생 독립운동 기념일'로 정하여 기념하고 있답니다.

▲ 무스타파 케말 아타튀르크

1934년 터키 의회는 무스타파 케말에게 터키의 아버지라는 의미의 '아타튀르크' 칭호를 헌정했지요.

터키 공화국 수립

제1차 세계대전의 패전국이 된 오스만 제국은 아라비아반도의 여러 속주와 일부 지역을 잃었어요. 이에 대한 반발로 격렬한 시민전쟁이 일어났어요. 특히 그리스와의 전쟁이 치열했지요. 시민전쟁으로 오스만 제국을 멸망시킨 무스타파 케말은 1923년 10월 터키 공화국을 수립하였어요. 또한 1920년에 체결했던 세브르 조약의 제약을 없애기 위해 재협상을 벌였지요. 이때 체결한 로잔 조약으로 터키는 1894년 당시 소유했던 스미르나, 콘스탄티노폴리스, 동트라키아 등을 회복하여 지금의 국경선을 확정했답니다.

세계 대공황

표면적으로는 번영한 듯 보였으나 과잉 생산과 실업자 문제를 안고 있던 미국 경제가 1929년 10월 24일 거품처럼 부풀어 있던 주가의 폭락으로 만천하에 드러났어요. 1933년에는 미국에 의지하고 있던 유럽 경제마저 흔들렸고, 1939년까지 전 세계가 대공황 상태였어요. 미국은 국가 주도의 '뉴딜 정책'을 통해, 프랑스와 영국은 식민지를 이용하여 대공황을 극복했어요. 제1차 세계대전의 패전국인 독일과 이탈리아, 그리고 식민지가 조선밖에 없었던 일본은 파시즘과 전쟁을 통해 대공황에서 벗어나려 하였지요.

대한민국 시대

1932년 | 이봉창·윤봉길 의거 |

1936년 | 일장기 말소 사건 발생 |

베를린에서 열린 제11회 올림픽에서 일본 대표로 출전한 손기정과 남승용은 각각 1위와 3위를 차지했어요. 《조선중앙일보》와 《동아일보》는 손기정 선수의 가슴에 달린 일장기를 지운 사진을 실었다가 관련자들은 처벌되고, 두 신문은 무기 정간 처분을 받았어요.

1940년 | 창씨개명(일본식 성명 강요) 단행 |

조선총독부는 1940년 8월 10일까지 한국 성(姓)을 대신할 일본 씨(氏)를 정해 제출하라고 강요하였어요. 창씨개명을 하지 않으면 여러 가지 불이익을 주었기 때문에 전체 인구의 80%가 일본식 이름으로 바꾸었어요.

1941년 | 〈대한민국 건국강령〉 발표 |

1941년 11월 28일 임시정부 국무회의에서 독립운동가인 조소앙이 쓴 초안을 바탕으로 한 〈대한민국 건국강령〉이 통과되었어요. 앞으로의 독립운동 전개 방향과 해방 후 건국 방침 등을 정리한 이 강령은 1948년 제헌헌법의 기본 바탕이 되었어요.

1942년 | 조선어학회 사건 발생 |

1945년 | 8·15 광복 |

세계사

~ AD 2019

| 만주사변 발발 (일본) | 1931년

만주사변은 1931년 9월 18일 만주의 류탸오후 철교 폭파 사건을 빌미로 일본이 중국을 상대로 일으킨 전쟁이에요. 만주 지역 대부분을 손에 넣은 일본은 1932년 3월 1일 괴뢰국인 만주국을 세웠어요.

| 히틀러 집권 (독일) | 1933년

3월 5일에 치러진 선거에서 44%를 득표한 나치당은 공화국 의회 의석의 과반수를 차지하였고, 의회와 대통령에 상관없이 나치당이 법령을 선포할 수 있다는 수권법을 통과시켰어요. 7월 14일 나치당은 독일의 유일 정당이 되었고 히틀러는 독재 권력을 행사하게 되었어요.

| 중일 전쟁 발생 | 1937년

일본은 7월 7일 밤 베이징 교외의 루거우차오에서 있었던 중국군과 일본군의 충돌을 구실로 중일 전쟁을 일으켰어요. 중국 본토 정복이 목적이었던 일본과 맞서기 위해 중국은 두 번째 국공합작을 맺었지요. 12월 13일 난징을 점령한 일본군은 수십만 명의 중국인을 살해하는 만행을 저질렀어요. 중일 전쟁은 1945년 일본이 항복할 때까지 이어졌답니다.

| 제2차 세계대전 발발 | 1939년

| 국제연합 출범 | 1945년

더 알아보기!

이봉창·윤봉길 의거

이봉창은 김구가 조직한 한인애국단 소속으로, 1932년 1월 8일 도쿄에서 일왕 히로히토에게 폭탄을 던졌어요. 그러나 폭탄은 일왕이 탄 마차에 미치지 못하고 터져 버렸고, 이봉창은 그 자리에서 일본 경찰에게 붙잡혔어요. 윤봉길 역시 한인애국단 소속으로, 같은 해 4월 29일 상하이에서 개최된 일왕의 생일 및 일본군 전승 기념식에서 폭탄을 던졌어요. 일본군 대장 및 고위 인사들이 죽거나 다쳤지요. 윤봉길도 의거 직후 체포되었어요.

조선어학회 사건

우리말을 연구하고 보급할 목적으로 조직된 조선어학회는 1942년 4월 《우리말큰사전》 일부를 인쇄하기 시작했어요. 이를 못마땅하게 여긴 일본은 함흥 학생 사건을 꾸몄어요. 기차 안에서 우리말로 대화를 나누다가 일본 경찰에게 붙잡힌 함흥의 여학생이 조선어학회와 관련된 사람에게 민족 교육을 받았다는 말도 안 되는 이유를 만들어 조선어학회를 탄압했지요. 조선어학회 관계자들을 잡아들여 감옥에 가두고, 《우리말큰사전》 원고를 압수하였으며, 조선어학회를 강제 해산시켰어요.

제2차 세계대전

1939년 9월 1일 독일의 폴란드 공격으로 제2차 세계대전이 시작되었어요. 추축국(독일·이탈리아·일본)과 연합국(프랑스·영국·미국·소련) 간의 전쟁에서 추축국의 파죽지세가 이어졌어요. 1941년 12월 8일 일본이 진주만을 기습 공격하여 태평양 전쟁이 발발했을 때도 마찬가지였지요. 그러나 스탈린그라드 전투(1942~1943년)에서의 승리와 노르망디 상륙 작전(1944년)의 성공으로 전세는 연합국 측으로 기울었어요. 1944년 8월 파리가 해방되고 1945년 5월 베를린이 함락되자 독일이 항복했어요. 이탈리아는 1943년 9월에 이미 항복한 상태였고요. 일본은 1945년 8월 6일 히로시마에, 9일 나가사키에 원자폭탄이 떨어지고 나서야 항복하였어요.

1945년 8월 15일 일왕 히로히토가 일본의 패전과 항복을 선언하면서 제2차 세계대전은 끝이 났고 우리나라도 일본의 식민 지배에서 벗어났어요. 그러나 일본군의 무장 해제를 명분으로 내세운 미국과 소련에 의해 북위 38도선을 경계로 미군이 주둔하는 남한과 소련군이 주둔하는 북한으로 나뉘고 말았지요.

1945년 10월 24일 국제연합(유엔)이 출범하였어요. 국제연합은 전쟁 방지와 평화 유지를 위해 모든 참가국이 협의하고 협력할 것을 목적으로 하며, 우리나라는 1991년에 가입했어요. 필요할 때 유엔군을 결성할 수 있는 국제연합의 본부는 미국 뉴욕에 있답니다.

대한민국 시대

1948년 | 제주 4·3 사건 발생 |

4월 3일 제주도에서 단독 정부 수립을 반대하는 봉기가 일어났어요. 미군정은 이를 강경 진압하였고 이승만 정부는 계엄령을 선포하였어요. 어린이와 여성을 포함한 약 3만 명이 희생되었지요.

| 대한민국 정부 수립 |

1948년 5월 10일 제헌국회 구성을 위한 남한의 단독 선거가 시행되었어요. 7월 20일에는 제헌 국회의원들의 간접 선거로 이승만이 대통령에 선출되었고, 8월 15일에는 대한민국 정부 수립을 대내외에 선포하였어요.

1949년 | 반민특위 와해 |

1950년 | 6·25 전쟁 발발 |

6월 25일 새벽, 북한군이 38선을 넘어 남한을 기습 공격하였어요. 유엔군이 파견되고 중국군이 개입하는 등 약 3년간 이어진 전쟁으로 450만여 명이 죽거나 다쳤고 전 국토는 폐허가 되었지요. 38선은 휴전선이 되어 지금까지 이어지고 있답니다.

1960년 | 4·19 혁명 발생 |

1961년 | 5·16 쿠데타 발생 |

1965년 | 한일 협정 체결 |

세계사

~ AD 2019

| 트루먼 독트린 선언 (미국) | 1947년

미국의 트루먼 대통령이 1947년 3월 공산주의의 위협을 받는 국가에 원조하겠다고 선언하고, 16개국에 120억 달러를 지원하는 마셜 플랜을 시행했어요. 이로 인해 미국과 소련 중심의 냉전 시대가 시작되었지요.

| 공화국 수립 (이스라엘) | 1948년

1947년 11월 유엔 총회에서 팔레스타인 분리안이 통과되어 1948년 5월 14일 팔레스타인에 이스라엘이 세워졌어요. 대대로 이 지역에 살고 있던 아랍인들은 이스라엘을 공격했지만 역부족이었어요. 아랍인과 유대인의 대립은 지금도 진행 중이에요.

| 사회주의 혁명 시작 (쿠바) | 1953년

1953년 7월 26일 피델 카스트로, 체 게바라 등을 중심으로 사회주의 혁명이 시작되었어요. 크고 작은 게릴라전을 펼친 끝에 1959년 1월 1일 독재 정권을 몰아내고 새 정부를 수립하였지요.

| 베트남 전쟁 참전 (미국) | 1964년

| 문화대혁명 시작 (중국) | 1966년

문화대혁명은 마오쩌둥 주석이 중국 혁명 정신의 재건을 위해 시행한 극렬 사회주의 운동이에요. 이 운동으로 수만 명의 인명 피해가 발생했고 전통문화유산이 파괴되었으며 경제가 피폐해졌어요.

근대·현대

더 알아보기!

반민특위

친일파의 반민족 행위를 조사·처리하기 위해 제정된 〈반민족행위처벌법〉에 따라 1948년 10월 23일 '반민족행위특별조사위원회(반민특위)'가 설치되었어요. 그런데 친일파를 기반으로 수립된 이승만 정부가 이광수, 최남선 등 친일파를 체포하려는 반민특위의 활동을 방해하였어요. 1949년 6월 친일했던 경찰들이 반민특위를 습격한 사건 이후로 반민특위는 무력해졌고, 친일파 청산은 지금까지도 이루어지지 못했어요.

4·19 혁명

1960년 3월 15일에 치러진 대통령 선거에서 이승만 대통령의 장기 집권을 위한 부정이 저질러졌어요. 마산에서 이에 항의하는 시위가 일어나자 경찰은 총으로 진압하였지요. 시위 도중 실종되었던 김주열 학생이 4월 11일 시신으로 발견되자 시위는 전국으로 번져 나가 4·19 혁명이 일어났어요. 결국 이승만은 4월 26일 대통령직에서 물러났어요.

◀ 1960년 5월 29일 하와이로 출국하는 이승만과 전별하는 허정 대통령 권한대행

5·16 쿠데타

1961년 5월 16일 박정희 소장의 주도하에 군인들이 반공을 빌미로 쿠데타를 일으켰어요. 이 쿠데타로 장면 내각이 실각하였고, 박정희는 국가재건최고회의 의장이 되어 군정을 실시하였어요. 또한 중앙정보부를 만들고 반공법을 제정하였지요.

한일 협정

박정희 정부가 들어서면서 급속도로 추진된 한일 회담은 1965년 6월 22일 한일기본조약 및 청구권 등에 관한 협정(한일 협정)으로 마무리되었어요. 대한민국은 해방 후 20년 만에 일본과의 국교를 정상화했지요. 그런데 한일 협정에는 식민 지배에 대한 사과, 위안부나 강제 징용자 문제, 독도 영유권, 약탈 문화재 반환 등에 대한 언급이 전혀 없었어요. 굴욕 협상이라며 협정 체결을 반대하는 시위가 이어졌고, 정부는 계엄령을 선포하면서 이를 강경 진압하였어요.

베트남 전쟁

베트남은 우리나라처럼 미국과 소련에 의해 남북으로 나뉘어 독립하였어요. 1960년 소련의 지원을 받은 북베트남과 미국의 지원을 받은 남베트남이 전쟁을 시작하였어요. 1964년 북베트남 어뢰정이 미군 함정을 공격한 '통킹만 사건'이 발생하자 미국은 직접 베트남 전쟁에 뛰어들었어요. 우리나라와 뉴질랜드, 필리핀 등도 파병하여 남베트남을 도왔지요. 1968년 1월 북베트남의 대공세에 패배를 예감한 미국은 1969년 닉슨 독트린을 발표하였고, 1973년 파리 평화 협정 체결 후 군대를 철수하였어요. 베트남은 1975년 북베트남에 의해 사회주의 국가로 통일되었답니다.

한국사

대한민국 시대

1970년 | 전태일 분신자살 사건 발생 |

1972년 | 〈7·4 남북공동성명〉 발표 |

7월 4일 서울과 평양에서 남북한의 긴장 완화와 통일 문제에 관한 〈남북공동성명〉 발표가 있었어요. 남북한이 최초로 통일에 대해 자주·평화·민족대단결의 3원칙에 합의한 것이었지요.

1979년 | 10·26 사건 발생 |

1980년 | 5·18 민주화 운동 발생 |

1983년 | KAL기 피격 사건 발생 |

9월 1일 새벽 KAL기가 소련 전투기의 미사일 공격을 받고 사할린 해상으로 추락하여 탑승객 269명이 모두 사망하였어요.

| 아웅산 묘소 폭탄 테러 사건 발생 |

10월 9일 미얀마 수도 양곤 인근의 아웅산 묘소에서 북한 소행의 폭탄 테러 사건이 벌어져 30여 명의 사상자가 발생하였어요.

1987년 | 6월 항쟁 발생 |

1988년 | 제24회 서울 올림픽 개최 |

공산주의와 자본주의 양 진영이 모두 참가한 제24회 하계올림픽이 9월 24일부터 10월 2일까지 서울에서 열렸어요.

~ AD 2019

| 아폴로 11호 달 착륙 (미국) | 1969년

1969년 7월 20일 미국의 우주비행사 닐 암스트롱과 에드윈 올드린이 인류 역사상 최초로 달에 착륙했어요. 달 탐사를 마친 아폴로 11호는 7월 24일 무사히 지구로 귀환했지요.

| 닉슨 대통령 중국 방문 (미국) | 1972년

2월 21일 미국의 닉슨 대통령이 미중 관계 개선을 위하여 중국을 방문하였어요. 마오쩌둥 주석과의 만남은 소련 견제책이 되어 냉전 체제의 변화를 가져왔지요.

| 킬링필드 자행 (캄보디아) | 1975년

4월 17일 폴 포트가 이끄는 공산당 조직인 크메르루주가 캄보디아를 장악하였어요. 크메르루주는 모든 국민을 집단 농장으로 몰아넣고 급격한 공산주의 정책과 무자비한 학살을 자행했어요.

| 체르노빌 원전 사고 발생 (소련) | 1986년

| 톈안먼 사건 발생 (중국) | 1989년

중국 공산당 내의 개혁파인 후야오방 총서기의 사망을 계기로 톈안먼 광장에서 민주화를 요구하는 시위가 시작되었어요. 덩샤오핑 정부는 베이징에 계엄령을 내리고 군대를 동원해 시위대를 진압했어요. 이후 장쩌민이 총서기에 오르면서 민주화 운동은 위축되고 말았지요.

더 알아보기!

전태일 분신자살 사건

1970년 11월 13일 전태일이 열악한 노동 조건의 개선을 주장하며 분신자살하였어요. 그의 분신으로 경제 발전을 위해 혹사당하는 노동자의 열악하고 처참한 상황이 드러났으며, 정부와 기업에 노동자 인권 존중의 필요성을 알리는 중요한 기회가 마련되었어요.

▲ 전태일 동상

10·26 사건

1972년 10월 17일 비상계엄령을 선포한 박정희 대통령은 의회를 해산하고 장기 집권을 위한 유신 헌법을 단행하였어요. 1974년 1월 8일에는 유신 헌법과 체제를 비판하는 사람을 마음대로 처벌하는 긴급조치를 발동하였고요. 강압 정치와 인권 유린에 대한 불만은 1979년 10월의 부마 민주항쟁으로 이어졌고, 10월 26일 김재규 중앙정보부장이 박정희 대통령을 살해했어요. 이 사건으로 유신 체제는 막을 내렸고, 김재규는 처형되었어요.

5·18 민주화 운동

1979년 12월 12일 전두환 합동수사본부장은 10·26 사건 조사를 빌미로 쿠데타를 일으켰어요. 실질적인 정권은 신군부(하나회)로 넘어갔고, 최규하 대통령은 허수아비가 되었지요. 1980년 4월 전두환이 중앙정보부장 서리가 되면서 신군부의 정치 간섭이 심해지자 민주주의를 요구하는 시위가 곳곳에서 발생하였어요. 5월 17일 비상계엄이 전국으로 확대되었고, 5월 18일 광주 민주화 운동이 시작되었어요. 신군부는 공수 부대를 투입하여 광주를 봉쇄하고 과잉 진압하였어요. 시위에 참여하지 않은 민간인까지 닥치는 대로 살상하고 폭행하였지요. 수천 명의 인명 피해가 났는데도 최초 발포 명령자가 누구인지는 밝혀지지 않았어요. 당시 군을 통제했던 전두환은 2021년 11월 23일 세상을 떠날 때까지 관련 사항을 끝끝내 부인하였어요.

6월 항쟁

1987년 1월 14일 박종철 고문치사 사건이 발생하였어요. 민주화 운동과 관련해 연행된 박종철 학생이 물고문으로 질식사하였는데 정부는 이를 은폐하려 했지요. 5월 18일 천주교 정의구현사제단을 통해 이 사건이 세상에 알려졌고, 6월 9일 이한열 학생이 최루탄을 맞아 사망한 사건이 발생하자 전국에서 격렬한 시위가 일어났어요. 결국 6월 29일 민정당 노태우 대표는 시민의 요구를 수용하여 대통령 직선제 개헌과 민주화 조치 시행을 약속하는 6·29 선언을 발표하였어요.

체르노빌 원전 사고

1986년 4월 26일 우크라이나 공화국의 체르노빌 원자력발전소에서 최악의 방사선 누출 사고가 발생했어요. 약 8톤의 방사성 물질이 대기 중으로 퍼져 나가 소련의 여러 공화국뿐만 아니라 유럽 전역을 오염시켰고, 그 후유증은 여전히 심각한 상태랍니다.

한국사

대한민국 시대

1992년 | 우리별 1호 발사 |

우리나라 최초의 인공위성인 우리별 1호가 8월 11일 남아프리카 기아나 우주센터에서 발사되어 대한민국은 세계에서 22번째로 위성 보유국이 되었어요. 우리별 1호는 2004년 말 임무를 마치고 우주 공간으로 사라졌어요.

1995년 | 옛 조선총독부 건물 철거 |

경복궁을 정면으로 막는 위치에 세워졌던 조선총독부 건물이 69년 만에 철거되었어요. 해방 후에 미군정청, 중앙청, 국립중앙박물관으로 사용되었던 일제의 잔재가 마침내 사라졌지요.

1996년 | 경제협력개발기구 가입 |

1961년 9월 30일 유럽 18개국과 미국·캐나다가 경제 성장, 자유 무역, 저개발국 원조를 목표로 경제협력개발기구(OECD)를 결성했어요. 우리나라는 1996년 12월 12일 29번째로 가입했어요.

1997년 | IMF 외환 위기 발생 |

2000년 | 남북정상회담 개최 |

2002년 | 제17회 한일 월드컵 개최 |

5월 31일부터 6월 30일까지 제17회 FIFA 월드컵 경기가 한국과 일본에서 공동 개최되었어요. 우리나라는 최종 4위를 차지했어요.

세계사

~ AD 2019

| 걸프 전쟁 시작 | 1990년

이라크의 후세인 대통령은 이라크 경제 파탄의 원인이 쿠웨이트의 원유 공급 과잉이라며 8월 2일 쿠웨이트를 침공했어요. 이라크가 유엔의 철수 권고를 무시하자 1991년 1월 17일 미국·영국 등 34개국의 다국적군이 이라크의 거점 지역을 공격하였어요. 일주일 만에 쿠웨이트에서 이라크군을 몰아내는 장면이 CNN 등을 통해 전 세계로 중계되었답니다.

| 소비에트 사회주의 공화국 연방 해체 | 1991년

| 유럽연합 성립 | 1993년

1992년에 체결한 마스트리흐트 조약이 발효되어 1993년 11월 1일 유럽의 12개국이 가맹한 유럽연합(EU)이 성립되었어요. 유럽연합은 산하에 입법 기관인 이사회와 의회, 재판소, 은행 등의 기구를 두었어요.

| 세계무역기구 출범 | 1995년

관세 및 무역에 관한 일반협정(GATT)의 이행을 감시하고 세계 자유 무역의 확대를 목적으로 하는 세계무역기구(WTO)가 출범하였어요. 세계무역기구는 무역 분쟁에 대한 사법권과 강제 집행권을 가지고 있어요.

| 9·11 테러 발생 (미국) | 2001년

더 알아보기!

IMF 외환 위기

김영삼 정부는 1997년 11월 21일 국제통화기금(IMF)에 구제 금융을 신청한다고 발표했어요. 외환보유고에 대한 외채 비율이 40배에 이르렀기 때문이에요. 국제통화기금이 구제 금융 지원을 조건으로 제시한 여러 조항은 국내 상황에 맞지 않았지만, 어쩔 수 없이 지켜야만 했어요. 2001년 8월 23일 예정보다 3년 일찍 구제 금융을 상환하였으나 부의 양극화는 심해지고 말았답니다.

남북정상회담

평화 공존, 평화 교류, 평화 통일을 기조로 삼은 김대중 대통령은 2000년 6월 13일 평양에서 김정일 국방위원장을 만났어요. 역사상 최초의 남북정상회담이 성사된 거예요. 이틀 후 두 정상은 6·15 남북공동선언을 발표했어요. 적극적인 남북 화해와 교류 협력의 시대를 선언하였지요. 이후 이산가족 상봉이 이루어졌고, 문화·예술·언론 등의 교류도 진행되었어요. 두 번째 남북정상회담은 2007년 10월 2일부터 4일까지 평양에서 열렸어요. 노무현 대통령과 김정일 국방위원장은 10·4 공동선언을 발표했지요. 세 번째 남북정상회담은 2018년 4월 27일 판문점 남쪽의 '평화의 집'에서 이루어졌어요. 문재인 대통령과 김정은 국무위원장은 5월 26일, 9월 18~19일에도 회담을 나눴어요. 그리고 비핵화, 군사, 경제, 이산가족, 문화 체육 부문의 합의 내용을 9월 평양공동선언으로 발표했답니다.

소비에트 사회주의 공화국 연방 해체

1990년대에 들어 고르바초프의 정책은 개혁파와 보수파 모두의 반대에 부딪혔어요. 결국 1991년 8월 18일 보수파 주도의 쿠데타가 발생했지요. 쿠데타는 실패하였지만, 고르바초프는 완전히 추락하였고 쿠데타를 강력히 반대한 옐친이 실권을 장악했어요. 12월 21일 소련의 15개 공화국 중 11개 공화국이 독립국가연합(CIS)을 결성하였어요. 12월 25일 고르바초프가 사임하면서 소비에트 사회주의 공화국 연방은 완전히 해체되었지요.

9·11 테러

2001년 9월 11일 오사마 빈 라덴이 이끄는 테러 조직 알카에다의 공격으로 뉴욕의 세계무역센터 건물이 무너졌어요. 알카에다는 납치한 4대의 민간기로 세계무역센터와 펜타곤을 공격했지요. 민간기 탑승객 전원 이외에도 수천 명의 무고한 시민들이 목숨을 잃은 이 테러 사건 이후 미국의 부시 대통령은 테러와의 전쟁을 선포했어요. 세계무역센터가 무너진 자리에는 '그라운드 제로'라는 추모와 재건의 공간이 만들어졌답니다.

▼ 항공기 납치 자살 테러 공격을 받은 세계무역센터

한국사

대한민국 시대

2008년 | 숭례문 화재 |

조선 한양을 둘러싼 성곽의 정문이자 국보 1호인 숭례문(남대문)이 2월 10일 방화로 인한 화재로 잿더미가 되고 말았어요. 석축을 제외한 부분의 복원은 2013년에 마무리되었답니다.

2010년 | 천안함 사건 발생 |

3월 26일 백령도 근처 해상에서 해군 초계함인 천안함이 침몰하였어요. 침몰 원인에 대해서는 공격설과 사고설이 맞섰는데, 5월 20일 이명박 정부는 북한의 어뢰 공격에 의한 침몰이라고 공식 발표했어요.

2012년 | 4대강 정비 사업 완료 |

2014년 | 세월호 사건 발생 |

2017년 | 박근혜 대통령 탄핵 |

숨겨진 실세인 최순실이 대통령의 의사결정과 국정, 인사 문제 등에 개입하여 사적 이익을 취하고 국정 질서를 어지럽혔는데, 이를 방조했다는 이유로 3월 10일 박근혜 대통령이 파면되었어요.

2018년 | 제23회 평창 동계올림픽 개최 |

역대 최대 규모의 동계올림픽이 2월 9일부터 25일까지 강원도 평창 일대에서 개최되었어요.

세계사

~ AD 2019

| 이라크 침공 (미국) | 2003년

9·11 테러 이후 북한, 이라크, 이란을 악의 축으로 규정한 미국은 대량살상무기(WMD) 제거를 핑계로 이라크를 공격했어요. 그러나 대량살상무기는 발견되지 않았고, 2011년 말까지 지속된 이라크의 저항으로 10만 명이 넘는 희생자가 발생했어요.

| 세계 금융 위기 초래 (미국) | 2008년

대출 이자율 상승으로 대출금 상환이 어려워지자, 수많은 대부업체와 리먼 브러더스 같은 투자 은행이 파산하였어요. 미국 정부는 천문학적인 액수의 구제 금융을 제공하였으나 실업과 경기 침체는 전 세계로 확산되었고 2016년부터 겨우 회복세로 돌아섰어요.

| 후쿠시마 원전 사고 발생 (일본) | 2011년

| 브렉시트 단행 (영국) | 2016년

영국의 유럽연합 탈퇴를 뜻하는 '브렉시트'는 이민자 및 남부 유럽 국가 경제 지원 문제가 계기가 되었어요. 영국은 6월 23일 국민 투표로 탈퇴를 결정하였고, 유럽연합과는 2020년 12월 31일에 완전히 결별하였지요.

| 북미정상회담 진행 | 2018년

| 코로나바이러스감염증-19 창궐 | 2019년

근대·현대 147

4대강 정비 사업

2008년 낙동강을 시작으로 22조 원의 예산을 투입하여 한강, 금강, 영산강과 섬진강 및 지류에 보 16개, 댐 5개, 저수지 96개를 건설한 4대강 정비 사업이 2012년 4월 22일에 완료되었어요. 이 사업은 보의 안전성 문제뿐만 아니라 건설 비리와 수질 악화라는 문제점을 안고 있었으나 강행되었고, 예상대로 대규모 녹조 발생이 매해 반복되고 있어요.

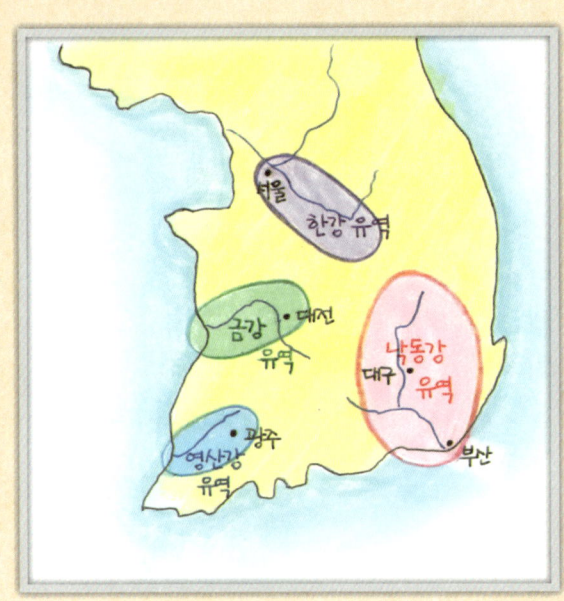

▲ 4대강 정비 사업 지역

세월호 사건

2014년 4월 16일 안산 단원고 학생을 포함한 476명의 승객을 태우고 인천에서 출발해 제주도로 가던 여객선 세월호가 침몰했어요. 조류가 거센 맹골수도에서 급격한 항로 변경으로 인해 중심을 잃은 세월호는 가라앉기 시작했고, 전 국민은 생중계로 이를 지켜봤어요. 선원들의 무책임함과 박근혜 정부의 안일한 대응으로 생존자는 겨우 172명이었어요. 수많은 희생자와 실종자 가족이 분노하였지만, 사고 원인부터 구조 작업 과정까지의 의혹 중 제대로 밝혀진 것은 거의 없어요. 다만 우리 사회에 만연한 안전 불감증, 물질 만능주의, 생명 경시 풍조만을 확인했을 뿐이었지요.

후쿠시마 원전 사고

2011년 3월 11일에 발생한 진도 9.0의 대지진과 쓰나미로 후쿠시마 제1 원전에서 수소 폭발이 일어났어요. 방사성 물질이 묻은 수증기가 외부로 유출되어 인근 주민 21만 명이 피난을 가야 했지요. 원전 폐로까지는 40년이 걸린다고 예상되는데, 10년이 지난 지금도 일본 정부는 피해 복구와 대책 마련에 소극적이에요.

북미정상회담

2018년 6월 12일 미국의 트럼프 대통령과 북한의 김정은 국무위원장이 싱가포르에서 첫 회담을 나누었어요. 새로운 북미 관계 수립과 한반도 평화 구축이 주요 주제였지요. 2차 회담은 2019년 2월 27일 베트남 하노이에서 개최되었는데, 의견 차이로 중간에 중지되었어요. 3차 회담은 판문점 '자유의 집'에서 이루어져 북한 비핵화 협상 재개를 발표했지요.

코로나바이러스감염증-19 창궐

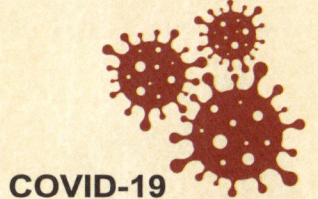

2019년 12월 중국 우한에서의 집단 발병을 시작으로 전 세계로 확산된 코로나바이러스감염증-19는 2년이 지난 지금까지 알파, 베타, 감마, 델타, 오미크론 등 다양한 변이를 일으키며 건재하고 있어요. 백신 접종으로 치사율과 후유증 발생이 완화되긴 하였지만, 전 세계는 여전히 코로나바이러스와의 전쟁 중이랍니다.

알고 나면 더 재미있는 TIP

우리나라에 대한민국 임시정부가 수립된 이후부터 지금까지 전 세계는 엄청나게 변화하고 발전하였어요. 대공황, 제2차 세계대전, 냉전 시대, 바이러스 창궐 등을 겪으며 인간과 생명, 자연과 환경에 대한 생각이 달라졌어요. 과학 기술 발달로 생활 모습과 삶의 질이 향상된 건 말할 수도 없지요. 그렇다면 무엇이 우리 생활을 편리하게 바꾸었는지 알아보도록 해요.

나일론

1935년 미국의 윌리스 캐러더스는 석탄에서 추출한 물질로 나일론이라는 합성 섬유를 만들었어요. 나일론으로 만든 실은 거미줄보다도 가늘지만 잡아당기거나 마찰시켰을 때 다른 섬유에 비해 매우 강했지요. 캐러더스가 근무한 듀폰사는 1940년에 나일론으로 만든 스타킹을 출시하였어요. 나일론은 가볍고 탄력성이 좋으나 흡수성이 떨어지고 정전기를 일으키는 단점이 있어요. 그렇지만 오늘날에도 옷, 가방, 신발뿐만 아니라 밧줄, 어망, 낙하산, 타이어 등 다양한 제품의 원료로 사용되고 있답니다.

인스턴트 라면

1958년 8월 25일 일본의 안도 모모후쿠가 최초의 인스턴트 라면인 '치킨 라멘'을 개발하였어요. 그는 1971년 최초의 컵라면도 개발하였지요. 우리나라에서는 1963년 9월 16일 주황색 포장지의 삼양라면이 최초로 출시되었는데 중량은 100g, 가격은 10원이었다고 해요. 현재 세계 최대의 라면 소비국은 중국이지만 1인당 라면 소비량으로 따지면 대한민국이 최고랍니다.

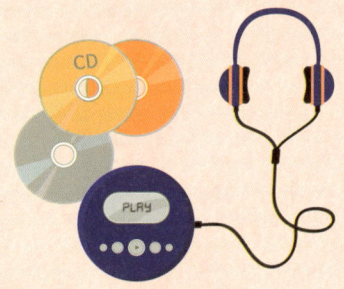

CD 플레이어

CD는 콤팩트디스크의 약자로, 음악과 같은 소리 정보를 담기 위해 개발되었어요. CD는 알루미늄 박막에 레이저로 홈을 파서 디지털 신호를 저장하고 레이저로 신호를 읽지요. 이 신호를 읽어내는 CD 플레이어가 네덜란드의 필립스와 협력한 일본의 소니사에서 1982년 11월 30일에 출시되었어요. 우리나라에서는 1983년 11월에 금성사에서 최초의 CD 플레이어를 출시하였지요.

위키피디아

2001년 1월 15일 미국의 지미 웨일스가 누구나 편집과 관리에 자유롭게 참여할 수 있는 새로운 개념의 인터넷 백과사전인 위키피디아를 개설했어요. 방대한 정보와 신속한 수정이 장점이며, 정보의 부정확성과 책임 소재의 불분명이 단점인 위키피디아는 사용자 중심의 인터넷 환경인 웹2.0의 가장 대표적인 모델로 자리 잡았어요. 2005년 4월 23일 첫 방송을 한 유튜브나 2006년에 서비스를 시작한 트위터도 웹2.0에 속하지요.

▲ 위키피디아의 로고